大夏书系·教育常识

教育的积极力量

凌宗伟 著

华东师范大学出版社
全国百佳图书出版单位

图书在版编目（CIP）数据

教育的积极力量 / 凌宗伟著 . —上海：华东师范大学出版社，2018
ISBN 978 - 7 - 5675 - 8096 - 1

Ⅰ.①教 ... Ⅱ.①凌 ... Ⅲ.①教育—文集 Ⅳ.① G4-53

中国版本图书馆 CIP 数据核字（2018）第 172340 号

大夏书系·教育常识

教育的积极力量

著　　者	凌宗伟	
策划编辑	朱永通	
审读编辑	张思扬	
封面设计	奇文云海·设计顾问	

出版发行　华东师范大学出版社
社　　址　上海市中山北路 3663 号　邮编　200062
网　　址　www.ecnupress.com.cn
电　　话　021 - 60821666　行政传真　021 - 62572105
客服电话　021 - 62865537
邮购电话　021 - 62869887　地址　上海市中山北路 3663 号华东师范大学校内先锋路口
网　　店　http://hdsdcbs.tmall.com

印　刷　者　北京季蜂印刷有限公司
开　　本　700 × 1000　16 开
插　　页　1
印　　张　13
字　　数　206 千字
版　　次　2018 年 8 月第一版
印　　次　2022 年 10 月第四次
印　　数　11 101-13 100
书　　号　ISBN 978 - 7 - 5675 - 8096 - 1/G · 11365
定　　价　42.00 元

出 版 人　王　焰

目录

积极力量 ④ 回到人的立场——愿教育不再伤人

积极力量 ⑤ 顺其自然，因其固有——为每一个孩子的幸福奠基

序

　　作为理论研究者，我的直接追求无疑是思想的创造和知识的生产；表达我的追求的文字，积极地说，有规矩与深刻的倾向，消极地看，充其量是教育实践的远亲。在这种自我认知的引领下，每见到富有诗情和活力的教育言说，我多多少少会有些嫉妒，这是因为我知道那样的教育言说客观上让教育实践者愈加远离我这种角色的人。进而，系统的教育理论文本对大多数教育实践者来说越来越成为一种传说。当然，这只是事情的一面。在另一面，我则会对能书写快意文字的、有实践情怀的研究者和有思想情结的实践者心存感激，正是他们行云流水般的思索让孤独的教育理论和思想见到了阳光。

　　我是喜欢随笔这种形式的，最初是因为见诸书刊的随笔，多来自有品位的作者，从中可以读出文化的韵味，到了后来则是对随笔本性的欣赏。随笔原初就是随手一写的东西，写随笔自然也无需摆出要做文章的架势。随笔的书写，一则可自由运用修辞、笔法，艺术地表达思绪；二则也在明示一种立场，即不可把文中的所思当真。因而，我们从随笔中既能获得文化的信息，还能意会到作者某种程度的幽默和机智。倒推一下，便可知能写好随笔的人应是有文化的，估摸着大多也是幽默与机智的。

　　记得当年读张中行、周国平和余秋雨的散文时，我就想过，对于不涉及某种专门学术的普通读者来说，借助学者富含识见的文章是可以提升文化品位的。进而想到，教育领域未来也会出现类似的文笔，它对于欲认识教育的非教育人士和不事教育学术的教育实践者应是一种最合胃口的精神食粮。创造这种精神食粮的人可以是富有实践情怀和浪漫精神的学者，也可以是钟爱理性的教育实践家。他们作品的风格自然会有差异，但揭示与呈现教育的本相、传达教育内在精神的旨趣应是一致的。我很欣慰自己的观念被后来陆续出现的教育随笔证实，而且明确地感觉到那些理性兼快意的文字如行云流水一般滋养和启迪着无数的教育实践者。这时候，我开始赞叹"存在决定思维"和"需求拉动生产"的客观法则。

在多年的专业交流中，我接触到一些用随笔表达教育情怀和价值的人。他们中有学养深厚的研究者，也有颇有实践智慧的行动者。他们的作品不仅没有让我自惭形秽，反而让我更加理解教育理论研究的作用。实际上，我自己尽管没有足够的能力写作教育随笔，却也不知不觉中开始习惯用这样的方式表达我在学术作品中无法尽兴抒写的情思。也正是这样的作为让我的认识不经意地跨越了教育学术的边界，进而结识了凌宗伟先生这样为教育的文明与专业奔走呼号的教育文化传播者。凌先生的确算得上一个快意的人，但快意的底色并没有遮蔽他思维的锐利和深刻。他应是博览群书的，但并没有深陷于认识领域的纠结，实践家的本色使他能快速、准确地攫取最能滋养和改良实践的知识精华，从而使我透过他的言谈与文字意会到了知识、思想与现实教育行动较为恰当的组合。在如此的组合中，我深刻领会到了教育思想和理论的生命所在以及教育行为和实践的可塑性。

他曾告诉教育现场的人们说，"你也可以成为改变的力量"；现在，他又关心"教育者的自我重建"。要我看，凌宗伟先生必定意识到自己已经成为改变教育的力量，而他改变教育的力量无疑来自长期以来对作为教育者的自己的建构。我由此想到一个更为普遍的问题，即教育者究竟如何重建自己。如果让我给出一个参考答案，那么，我恐怕要提醒和我一样的教育者，首先养成自我批判的勇气和自我坚持的信心。完成自我批判的前提之一是掌握批判的武器，那就是包括教育思想和理论在内的人类优秀的认识成果和思维方式，这种武器可以帮助我们超越捆绑着我们的日常思维，而掌握这种武器的策略只能是阅读、观察、思考、评论。养成自我坚持的信心，则需要我们逐步确立能够在自己的思想和行动中一以贯之的价值立场。有了一以贯之的价值立场，相当于我们有了自己的教育人文信仰，可以让我们一旦遇到教育的真理便热情地追逐与传播。我想凌先生应会理解我的立场，或许他自己已经成为我这种立场的现实版本。

读了《教育的积极力量》，我对凌宗伟先生的所想有了一定的理解。他永远不会忘记教育是一种"做"，但他期望的"做"是想明白之后的做，只有这样的"做"才能从人的心理本能和日常经验的藩篱中突围出来。如果教育者真想把教育想明白，他就需要学一点教育理论及其他学科的知识。各种知识能够让一个教育者在知行互动、融合的实践中成长为一个专业的而非简单的职业人士，他因此还能够自觉地在实践中进行有效的反思，并在寻觅中接近理想的教育。透过如上的思虑，我也能意识到凌宗伟先生纯粹的人文主义倾向。他明示教育的善意，建议教育从不伤人开始，并倡导教育应为每一个孩子的最终幸福奠基。归结起来，与我一贯倡导的"爱智统一"不谋而合，实质上是承接了人类优秀的教育文明，并力求寻找教育文明的当代表达。

　　凌宗伟先生嘱我为序，一定有他自己的思虑，在我则诚惶诚恐。可为了教育的文明与专业，我内心也乐意为之。一番感想，难免不当，仅表白对教育精神的追求和对一位好思善行者的尊敬，也应有意义。权充为序。

刘庆昌

2018 年 3 月 31 日

积极力量1：

想明白了再做——从哲学的视角思考教育

《权衡》一书的作者凯文·梅尼讲，批判性评价并不意味着不要标准，一个科学的评价需要解释证据的能力以及现有理论之间的关系，除了实证还要理论。所以，我不主张大谈教育创新，我也反对教育做一点是一点，教育必须在科学的理论指导下实践，我认为许多时候"空谈"是需要的。所谓"坐而论道"，就是要将道理弄明白，将方向搞清楚，把想做什么，怎么做弄明白，然后去做。

学校文化建设要根植于哲学思考上

　　一所学校将走向何方，取决于该学校的哲学与文化乃至品牌特色。但这些绝不是凭空想出来的，更不是靠策划运作出来的，它们总是在学校特定的社会生态与办学历程中积淀起来的，专家与公司的策划也好，包装也罢，总不能撇开一所学校具体的历史与现状凭空"提炼"。至少必须考虑学校所在社区的文化，学校自身的历史积累，现代教育价值与目标以及与之相关的传统文化背景，这就是所谓文化的"在地性"，否则就有可能会因空心化、形式化而难以传承与发展。

避免学校文化建设的空心化、形式化

　　我觉得做教师的多少得读一读哲学，至少做校长的得有一点哲学阅读和哲学思考。一个校长不懂点哲学，就不可能有自己的教育哲学；没有自己的教育哲学，就不可能在自己的管理行为中与师生员工一起形成一所学校的哲学。而一所学校没有自己的哲学，也就难以避免学校文化建设的空心化、形式化。

　　学校哲学，说起来很深奥，其实很简单。一个称职的校长主要琢磨的就应当是学校的办学理念、办学追求、办学目标。办学理念就是一所学校的价值取向，或者说是学校究竟想把师生引向何方；办学追求就是说想把这所学校办成怎样的一所学校；办学目标就是整个学校的走向，影响着学校的发展规划。这些就是学校哲学。需要注意的是，既然是"学校哲学"，那就不是校长的哲学，学校哲学一定是学校的，那它一定是一所学校在自己的办学进程中由学校师生一代一代积累、筛选、传承下来的，并且是值得延续下去的价值取向、行为方式。并不是校长个人想怎么样，就能怎么样的。从这个视角来说，校长在学校哲学面前是需要有点敬畏感和保守意识的，否则就有可能闹出一些笑话。

费尔南多·萨瓦特尔在《教育的价值》中指出"教育任务具有保守主义的一面"，还指出"社会通过给它的新成员提供这种方式（这种方式对它来说有助于其持续存在，不存在则会对其造成破坏），想要培养好的伙伴，而不是自身的敌人，或是反社会的个体"，"它不仅期望孩子们顺从于社会觉得可接受的与有用的个体，而且也期望在发生可能的有害偏常之前预防或保护他们"，另一方面，做父母的也想保护孩子避免接触到任何可能对其造成伤害的东西——也就是说，教育孩子警惕邪恶，"阻止邪恶或者不好的东西，以防将其（邪恶）带给他们"。因此，"教育在一定意义上总是保守主义的，最简单的原因就是，它是维存本能的一个产物：集体是由无数个体构成的"。教育的一个很重要的意义就在于教给我们的后代如何与他人和社会相处的道理和准则，用阿伦特的话来说就是："存在意义上的保守主义，也是教育的本质所在，它看上去总像是一种包围和保护什么东西的任务，孩子反对世界，世界反对孩子，新的事物反对旧的事物，或是旧的事物反对新的事物"，教育"首先是传输一些东西，而它传输的也只能是它认为值得保存的"。

保守主义强调既有价值或现状的政治哲学，是相对激进而言的，而不是相对进步而言的。哲学层面的保守主义提醒我们，当激进主义盛行的时候，我们要宁愿采取比较稳妥的保守主义的态度和方式，说得直白一点就是当现实世界中某种冠以"经验""奇迹""样板""模式"的东西忽然间甚嚣尘上的时候，我们必须以谨慎的态度来回望历史，守住那些已经被历史和时间证明了是正确的方式和经验的东西，防止头脑发热。也就是说，许多时候我们还是要冷静地看待时髦与时尚的。对于具有普世价值的教育而言，尤其应该如此。

"教育代代相传，是因为它想要持续存在下去；它想要持续下去，是因为它极为看重某些特定的知识、特定的行为、特定的能力和特定的理念"，这"特定的知识、特定的行为、特定的能力和特定的理念"其实就是我们常常挂在嘴边的教育的基本规律，或者说是教育的常识，教育的人之常情。

所以，教育更多的是传承，是要将人类历史进程中一个个个体积累下来的经验与文化传承下去。细想下来，中国道家的"抱朴守中"，儒家的"中庸之道"其实也是一种保守主义。教育要顺乎天理，要有无为而治的意识，无为而治，并非不治，强调的是不乱为，不妄为，要遵循人的生命发展的规律，要恪守道德底线，要符合社会规范，顺应时代需要。当然哲学层面的保守主义并不等于因循守旧，它主张的是在吸收与同化中有所发展，有所提升。这也就是我们所说的要稳打稳扎，看准了再干。也就是说，教育要坚守教育为人的目标，不偏离、不变换教育应有的目标和主张，并持之以恒地坚守这一目标与主张。在践行主张的道路上，中正、平和，要保持敬重或者敬畏之心，不为外界所干扰。

现实中后任校长对学校办学历史进程中积淀下来的学校哲学一般总会选择性地遗忘，或者人为地割裂。因为新一任校长总是不希望活在前任的阴影下的，他们想要标新立异，显示自己的与众不同。这原本也是人之常情。但是作为校长，你想标新立异，就得有自己的教育哲学。更要紧的是，你要思考如何将你的教育哲学与一所学校固有的哲学融为一体，或者如何在原有的学校哲学中增加新的元素。

一所老校、名校的新建，几所学校的整合，如何重建学校哲学

学校搬迁与整合，其学校文化与品牌自然有一个重建的问题，所谓重建，不是简单地搬迁，也不是简单地糅合。如何重建，这背后需要校长拥有哲学智慧，在教育哲学、学校哲学框架下与全体师生员工一起共同构想。如果学校哲学的价值取向偏了，无论增加多少现代元素，无论怎样改，都只是一种热闹与折腾，学校文化与品牌建设也是如此！当然，当我们谈学校哲学的时候，多少总得读点哲学。所谓"无知无畏"，没有一定的哲学阅读与思考，我们的学校管理与建设，自然难免自说自话，自然无视理性与逻辑。

在实际的学校管理中，不能说校长不用心，但由于种种原因，我们的用心总是会跑偏。譬如，搬迁、整合的学校校长们大多会用心研究学校搬迁与整合后的学校文化"迁徙"以期尽早地建设、完善搬迁与整合后的学

校文化，动机是美好的，但思路却是值得商榷的。学校在同一区域换了个具体的地点，"迁徙"了，但是校园已经不是原来的校园，建筑已经不是那些建筑了，你说是"迁徙"吗？

"迁徙"在《现代汉语词典》中的解释是："迁移：人口～｜候鸟随气候变化而～。""文化"一词在《现代汉语词典》中的解释是："人类在社会历史发展过程中所创造的物质财富和精神财富的总和，特指精神财富，如文学、艺术、教育、科学等。"就人类的"迁徙"而言，或许如我们所想的那样，是会将其文化一道迁徙过去的，但是当他们迁徙到一个新的地域，即便他们带来的文化再强大，也是会慢慢地被地域文化消解和融合的，甚或会形成新的文化，所谓迁徙，无非带来一点沙子而已。

乔凡尼认为，所有的机体都会展现出天生的情绪机制以利其生存，而此机制的两端分别是趋利与回避的倾向。其实，言说与表达也是如此，对自己有利的我们总是不惜夸张之能事，习惯性地将自己的真实企图给掩盖了，却忘记了夸大其词往往适得其反。物竞天择，适者生存，文化迁徙，谈何容易！

"入乡随俗"说的是一种外来文化想要生存，就要融入当地的文化，即便是保留了不少它们固有的东西，但想要在异地完完整整地留存下来，简直就是妄想。佛教进中土了，还是那个佛教吗？基督教也进了中土，但还是那个基督教吗？许许多多文化进中土，有多少没被有意、无意地改变的？欧美的"唐人街"看起来是一种迁徙，其实就是"文化孤岛"，一种封闭与保守心态驱使下的孤傲……那些唐人街事实上只是中土文化在异国他乡的一种"重建"，而不是简单的"迁徙"。中国历史上外族统治并不少见，但那些外来民族的文化并没有完完整整地迁徙过来，同化后的文化尽管总是我中有你你中有我的，但其主要特质恰恰是在地性，亦即"入乡随俗"。

校园的整体搬迁绝不意味着学校文化与品牌的整体迁徙，即便是迁徙，这当中还有衰减甚至消亡，正因为如此，搬迁后的学校文化与品牌重建需要思考的是如何立足于新的校区以及它所在的社区环境，重新审视学校原有的文化与品牌，寻找"新""旧"之间的切合点，在传承中发展，在舍弃中创新。新整合需要得更多的则是包容与吸纳，来自不同学校的教师群落身上总会带上原有学校文化的印记与表征，如何以一种包容开放的心态，从这些不同群落身上吸纳有助于"新学校文化"重建的元素，考验的是管理者的心胸与智慧。

需要说明的是，这种"迁徙""不能像搬运砖块那样，从一个人传递给另一个人，也不能像人们用切成小块分享一个馅饼的办法与人分享"。这当中就有个甄别与扬弃的问题，就如"迁徙"中存在衰减、死亡与深入一样。南通教育有南通教育的文化特质与哲学，其他城市想克隆一下，恐怕难以存活。关于这一点，前些年各地学杜郎口、学洋思的事实已经证明。当然也有特例，比如永威，不过永威这样的个案，并不足以说明学校文化可以"迁徙"。

甘肃静宁三中，其校园也是近几年重建的，他们在思考学校哲学与学校文化重建的时候，不仅兼顾了学校的历史，学校所在地域的文化，还立足于新校园的布局与环境，致力于"易趣"文化建设，构建"让生活更有趣，让生命更精彩"的学校哲学，不仅保留了原有的文化，还结合新校园的特点开发了新的学校活动课程。在这样务实而又灵动的学校哲学指导下，学校的文化与品牌重建发挥的效用可圈可点之处还真不少。

教育的保守主义哲学并不排除对教育的特定内容持怀疑的态度，没有怀疑的保守主义必然墨守成规，原有的学校文化或许就会随着"迁徙"，而无视"迁徙"途中的消减、死亡，以及某些新生的文化元素的渗入，便难免导致排外而孤傲。

学校哲学的建构需要在梳理中传承

我 2015 年开始参与重庆市几所领雁工程项目学校的指导工作。在同这些学校一起梳理学校哲学与文化品牌的过程中，我们坚持在回溯历史、尊重事实、展望未来的指导思想下，力求做到定位更精准，重点更突出，特色更鲜明，表达更晓畅。

我们在与学校管理者以及老师的沟通中首先做的就是帮助他们厘清学校哲学与学校文化几个要素之间的内在逻辑关系。

学校哲学是统摄学校文化的灵魂

首先是"教育目标"和"办学定位（追求）"，我以为这就是学校哲学，一所学校如果不明白自己的"教育目标"和"办学定位（追求）"的话，其运作就可能是随意的、率性的，甚至是无方向的。哲学的基本问题其实就是"从哪里来""到哪里去"。这两个基本问题搞明白了，学校的运作与行走方式就有可能是科学的、规范的。

杜威说，教育的目的就是生长，除此之外没有别的目的。在这样的哲学思想下，他又明确地告诉我们，教育是一种生活需要。"生命体与无生命体之间最明显的区别，在于前者以更新维持自己的生命"，这就是教育的必要性所在。也就是说，教育是一种生命的传递，而生命则"是在与环境的互动中自我更新的过程"，尽管"生命体不能胜任无限期的自我更新任务，但是，生活过程的延续不依靠任何一个个体生命的延长"，因为人都有终年，都不可能将知识永远带在身上，所以，势必需要传给下一代。"因为群体每一个成员的生和死这些基本的不可避免的事实，决定教育是必要的。一方面，群体存在着不成熟的新成员——他们是未来唯一的希望——与掌握群体知识和习惯的成熟的成年成员之间的对比"。这就使得"这些未成熟的成员不仅要在生理方面保存足够的数量，而且要教给他们成熟成员的兴趣、目的、知识、技能和实践，否则群体成员就将停止他特有的生活"。学校文化也是这样一代一代传递下去的。

我任金沙中学校长的时候，悉心研究了学校80年来的发展沿革，将几近被人遗忘的历史重新整理，发现如此厚重的历史文化底蕴必将在某种程度上增强办学自信。比如清末状元张謇曾为金沙中学题写过"以学愈愚"的匾额，我们认为这四个字很好地诠释了学校教育的真谛，教育的过程是开智起惠、治愈愚昧的过程。于是将这四个字放大装帧在学校大门屏风墙面上，让它成为学校的校训，并请张謇的孙子张绪武先生为学校题写了校名。今天，江苏南通通州区与金沙中学有关的几所学校都将这四个字勒石刻碑了。在此基础上，经过充分酝酿，我们提出了"秉承传统，彰显个性，和谐发展"的管理理念和"让家长放心，让社会满意，让同行认可，让学生向往"的办学追求，从学校规模出发提出了"扁平化"管理的策略，我还亲自为学校设计了具有历史厚重感的校徽。

我做二甲中学校长的时候，一样与同仁们从学校的历史、境况、地域等方方面面权衡，寻找这所学校应有的学校哲学内核，提出了"办有灵气的教育，育有个性的人才"的办学目标，"人文关怀，文化立校，效益优先，质量第一"的办学追求，以及"今天第二"的办学理念。可以这么说，没有这些就没有二甲中学的学校哲学。正是在这样的学校哲学的引领下，我们二甲中学五年的学校行为文化建设才有可能生根、开花、结果。如果我们一旦抛弃了这样的学校哲学，行为文化建设自然也就只是一块招牌、一个口号而已。

如果没有从哲学的层面去思考它们之间的联系，我们就无法解释为什么是"秉承传统，彰显个性，和谐发展"，而不是"争先创优"；就无法理解为什么是"今天第二"而不是"勇争第一"。在我看来，一所学校的文化传承，说到底是学校哲学的传承，不关注学校哲学的学校是不可能有文化的，更不要妄谈传承了。

学校哲学是一个系统工程

学校哲学是统摄学校文化的灵魂，它的下一个层面是校训，校训下面是校风，校风则由管理者作风、教风与学风来支撑。校训、校风更多的属于理念层面，是在学校价值取向的基础上慢慢形成和提炼出来的，其外显层面则包含校园文化（含建筑文化）、视觉文化（含标识文化）、课程文化、课堂文化、生活文化等。

湖南岳阳某校是一所具有 50 多年历史的学校，50 多年的风风雨雨，学校几经整合与变迁，好不容易成了一所定点高中。用这所学校管理者的话来说，这一路走来，他们靠的就是坚守与毅力，还有就是管理者与师生间的和睦相处。面对 2030 年的未来教育，学校哲学与学校文化定位如何立足当下，面向未来？他们在认真梳理已有历史文化的基础下，借助"外脑"，对学校文化重建提出了如下思考：

1. 学校哲学取向：和润

曹植《节游赋》云："感气运之和润，乐时泽之有成。"范仲淹《与唐处士书》云："（琴）清厉而静，和润而远。"

整合的学校，最需要的是"和"文化，"和"是中国哲学中一个很重要的概念，用现在的话说就是"和谐"的意思。"润"，则是水的最明显的特质，这种特质与教育的特质是相当契合的，所谓"润物细无声"是也。"水"最具包容性，也善变通迂回，但却百折不挠，这也正是教育所需要的，也是这所学校的历史传统。

2. 学校办学目标：全纳尚美

联合国教科文组织的《仁川宣言》明确提出了 2030 年教育的目标：迈向全纳、公平、有质量的教育和全民终身学习。高中教育是奠定一个人未来的教育。全纳，不仅是指向所有人的教育，也是指向人的个性化发展的教育。"尚美"是该校一直以来的追求，美的特征其实也有容纳各种美好的取向。

3. 校风：崇德和美

《大学·中庸》云："大学之道，在明明德，在亲民，在止于至善。"意思是说大学教人的道理，在于彰显人人本有，自身所具的光明德性，再推己及人，使人人都能去除污染而自新（亲民，新民也），而且精益求精，做到最完善的地步并且保持不变。《南史·齐随郡王子隆传》："性和美，有文才。""和美"即和善，学校是劝人为善的场所，德与善，靠的是教化，而非强加。所谓"和润"的特质也在这里。该校长期以来正是在这样的不着痕迹的风气滋润下一步一步走到今天的。

4. 管理者作风：亲和守中

《史记·五帝本纪》云："契主司徒，百姓亲和。"管理者自然需要一种亲爱和睦的风度，以自己的人格魅力感染下属。《老子》云："天地之间，其犹橐籥乎！虚而不屈，动而愈出。多言数穷，不如守中。"所谓守中，原本是指"丹田"，这里说的是尺度，是规范。亲爱和睦固然重要，但团队管理不能罔顾法律、伦理与契约。

5. 教风：博学善教

《礼记·中庸》子思十九章有云："博学之，审问之，慎思之，明辨之，笃行之。"这说的是为学的几个层次，善教者首先得广泛猎取，猎取的过程需要的是好奇心，是问题意识，是思辨精神。"博"还意味着博大和宽容。唯有博大和宽容，才能兼容并包，不偏不倚，面对每一个学生，才能践行全纳教育。

6. 学风：乐学向上

教师"博学善教"，为的是每一个学生的生长，杜威的"教育即生长"，揭示了一种新的儿童发展观和教育观。学校教育要顺应人的天性，让人从被动的、被压抑的状态下解放出来。但这种尊重绝不是放纵。杜威明确地讲："如果只是放任儿童的兴趣，让他无休止地继续下去，那就没有'生长'，而'生长'并不是消极的结果。""乐学向上"强调的是积极主动的生长，这当中离不开教师恰到好处的教。

如此厘清，不是凭空而来，也不是随意喊句口号，拉条标语，既兼顾了历史与现实，又着眼于未来，还彰显了地域特质，与当地的地域文化建设相同步，充分体现了学校教育与社会生活密不可分的关系。

别为"特色"而追求特色

至于品牌建设，我想刘良华老师的建议或许对校长们有所帮助：不要为了"特色"追求特色，而要追求真理。如果校长对整个教育的走向都没弄明白，就一下子钻到一个胡同里去了，不是好事。第二个建议是先追求真理，再追求特色，校长要在找对方向的基础上，再寻找一个突破口。第三个建议是先有一个特色，然后再发展差异。不要向外界吹嘘你的学校是几十年如一日地坚守一个特色，而应当告诉别人你这特色是怎样一步一步形成的。

不管做什么事情，都离不开原则和价值层面的思考，坚守中有改善、有变革才是我们对待学校文化与品牌建设应有的态度。猎奇并不等同于创新，封闭并不等同于保守。如何在保守与创新中寻找适度与平衡恐怕是校长的一个基本素养，没有这样的素养，难免步履凌乱、行而不远。

泰勒说："文化，就其在民族志中的广义而言，是一个复合的整体，它包含知识、信仰、艺术、道德、法律、习俗和个人作为社会成员所必需的其他能力及习惯。"泰勒关于文化的阐述告诉我们文化不仅包括知识、信仰、艺术、道德、法律、习俗等元素，更要紧的是，它是"个人作为社会成员所必需的其他能力及习惯"，这里的"能力"和"习惯"，我的理解就是"行为方式"，这种行为方式，不仅是个人的，更是社会的。无论是搬迁、整合的还是没有搬迁、整合的学校，其文化与品牌在行进过程中都有一个重建的问题，只不过，这重建各有侧重而已。但其宗旨都是指向人的，偏离了这一宗旨，为重建而重建，就难免出现这样那样的问题，闹出这样那样的笑话。

学校文化生态关乎教师专业成长

文化，简单一点说是一种社会现象，是人们在长期的社会生活中创生出来的产物；同时它又是一种历史现象，是人类社会历史进程中慢慢积淀下来的，影响着人们的价值取向、行为方式的那些或明或暗的东西。

作为教师，我们总是羡慕那些老牌的、知名的学校的历史和业绩，羡慕他们的教师素养好、水准高，总是慨叹自己所在的学校用一样的付出与努力，却为什么没有名校那样的历史与业绩，出现不了素养好、水准高的好教师，即便偶尔出现一两个，也总是会纷纷奔往名校……但我们很少从自己所在的学校文化层面去思考问题所在。

学校文化是影响教师专业发展的关键

美国学者苏珊·摩尔·乔纳森和哈佛大学"下一代教师"项目推动的一项重要研究，或许可以促使我们认识学校文化生态与教师专业成长之间的重要关系。

乔纳森及其团队对麻省近50个新手教师进行研究后，发现了三类不同的文化生态会对新手教师的教学体验及他们的走向（离岗还是留下来）产生显著影响。

一是以经验型教师为导向的文化。这种文化生态主要由经验丰富的同事组成，这些同事以他们的方式主导了整个校园文化，占据了学校的主要资源，甚至把持着学校的话语，在这样的文化生态中，新手教师感到孤立无援，倾向低调处理生存问题，渐渐变得愤世嫉俗，而成为那些极可能离岗的人之一。

二是以新手教师为导向的文化。在那些很难招募到教师的城市学校或新成立的特色学校里，新手教师们因彼此相似的境遇而精神振奋，但是不久之后他们就精疲力竭，并易于崩溃，因为学校会持续要求他们写课程方案，而校内又缺乏那些可以指出问题解决的捷径以及展示诀窍的资深教师。

三是混合型文化。在这样的文化生态中，监督新手教师不仅仅是与老教师建立关系，而且是整个校园文化的一部分。在这样的文化生态里所有教师，不管是年轻的还是年老的，都能合作共事，互帮互助。

尽管这是一项对新手教师的研究，但这一研究成果告诉我们：不同的学校文化导向会对教师的职业生涯产生不同的影响，学校文化是影响教师专业发展的关键。一所学校，如果形成了一种合理健康的文化生态，不仅会提升学校的办学业绩，也能促进每一个教师的专业生长。

从管理者的视角出发，每一位管理者对学校的各项具体事务都必须清清楚楚，学校里的每一项工作都要清楚它的标准和要求，乃至具体的时间节点都必须明明白白，因为在实际的学校工作中，管理者的态度和言行举止就是教职工的范本。从某种角度上说，有怎样的范本就有怎样的学校文化。文化一旦形成，就会在不知不觉中影响学校团队中的每一个个体。管理者松松垮垮，而想要团队生机勃勃，那是不可能的；管理者小肚鸡肠，而想让教师心胸博大，就是笑话；管理者马马虎虎，而想要教师认认真真，更是妄想。

我在江苏省西亭高级中学担任副校长的时候，有一次要组织一个会议，有一位会议工作人员在布置会场的时候提醒同伴：会标拉拉正，要是老凌看到不正是要批评的。偏偏这个时候我也到了会场，于是大家相视一笑。类似这些不经意的小事看起来似乎与专业素养无关，但对待每一件小事的态度恰恰关乎专业素养。身为管理者，尤其必须关注学校里那些看起来无足轻重的言行举止，细节的背后就是文化。一个好的管理者，一定是深知小处不可随便的道理的。学校管理者在每一个细小处给予同行的影响，给予团队的指导，给予教师的帮助，都是一种价值取向和行为引领，久而久之，它就会成为学校文化的一部分，会对学校、教师、学生产生一种不令而行的深远影响。

学校文化重建的重心是再造合作文化

学校管理者的一项重要工作就是推动教师群体的专业发展。如何推动？一个至关重要的环节就是学校文化重建，或者说文化再造。当我们回观学校办学进程中积淀下来的文化时，就会发现在已有的学校文化中多多少少总有一些阻碍学校发展的传统思维与行为方式，作为学校的一员，无论你有何身份，须知"你的信念（文化内容）会受到与你持同样或不同信念之人的关系（文化的形式）的深刻影响"。正因为如此，你也许不是学校管理者，但作为教师我们实际上每一天都在参与学校管理，我们的言行都在有意无意地固化或者改变着学校的文化形式——人与人的关系。需要强调的是，作为学校的一员，我们不可能不用自己的一己之力以求改善学校文化的内容。

大数据背景下，要改变固有的文化形式，我建议关注一下这样两个名词，一个是"众包"，一个是"蜂群思维"。关于"众包"，我的理解就是，我们正处在一个思维打包的时代。就如我们在QQ、微博、微信上，大家各自说话，谁也不要想控制住谁，就在你一言我一语中不知不觉达成了某种共识，或者是形成某种分歧。经过好事者整理，上传到QQ群、微博、微信上共享，对话过程和整理上传的过程就是一个打包的过程。在当今社会，要靠某种思想来引领，显得比较困难。所以必须"学会向我们的创造物低头"，"当人造与天生最终完全统一的时候，那些由我们制造出来的东西将会具备学习、适应、自我治愈，甚至是进化的能力"，当"人造世界就像天然世界一样"的时候，它"很快就会具有自治力、适应力以及创造力，也随之失去我们的控制"。

"蜂群思维"，就好比我们所熟悉的飞鸟成群结队，往一个方向飞行，分不清谁是领袖，但不知道哪里来的魔力，使得成千上万的候鸟，在某一天集中在一起，朝着某个方向共同飞去。它们之间拥有的是群体动力，有的是它们共同的目标。

学校管理者缺乏的正是"蜂群思维"所具有的这样一种"公德"，一种合作精神和团队意识，有许多人不懂得尊重别人，很少会从团队和公德的立场去考虑自己的言行举止。我以为，所谓"以德治校"，强调的是个人的修为，我们还有一句经典的话，"一个好校长，就是一所好学校"，说这话的人，把校长看得太高了。如果校长相信这话，也就把自己看得太高了。

当学校管理者发现学校固有文化中不利于教师个体专业提升的种种因素时，就要想方设法寻找打开团队所信奉和依赖的观念、物件与相信它的成员之间的关系，我们需要做的事情就是引发团队检视自身文化及其影响的必要性，寻求改善固有文化的路径与方法，在已有文化的基础上重建或者再造适应当下教师需求的文化。从管理者的角度来讲，这种重建与再造需要的是打破禁锢、敞开胸怀，以一种"海纳百川，有容乃大"的姿态，寻找不同文化背景的伙伴，以跨界的思维方式与不同学科、学段、行业的团体与个体交流互动，以打开视野，转变固有的观念，改善行为方式。

要转变团队及其成员的信念及行为方式，首要的是要转变人与人的交流方式，在团队成员之间建立起新的关系类型。走向2030年的学校教育，需要从"人以群分，物以类聚"走向开放多元。

一所学校的文化再造或者重建，首先要借助团体之力，各种各样的小团体就是一股股不可忽视的力量，这些力量协调好了就能推动学校的各项工作，反之则可能成为阻碍学校相关工作朝着理想方向发展的力量。人与人的志趣是不一样的，同样的志趣会使不同的人走到一起，于是一所学校就可能有这样那样的或明或暗的小团体。但在实际的管理工作中，学校管理者总是下意识排斥这些非正式群体的力量，无视它们的存在，甚至总是想方设法扼杀它们。如何看待这些小团体，折射的是管理者的胸襟。开明的管理者不仅会容忍这些小团体的存在，还会利用一切可能发挥这些小团体的最大作用，用小团体的力量推动整个学校团队朝着预定的目标前行。

其次就是借专家和网络之力。许多类似的管理主张，不同的角色讲出来，其效果是不一样的。校长与教工，老师与学生，学校与家庭，在许多情况下就是一组组的矛盾。无论校长讲什么，许多时候教工总是会认为当官的又要想方设法来整他们了。许多专家原本就是教师膜拜的偶像，他们的话，在崇拜者内心占的分量很足。当然有时还要借外校之力。我2008年在二甲中学提出管理从厕所开始，不少人是嗤之以鼻的，但后来有老师外出学习，听到同样的观点，感受到了人家厕所文化的魅力，回来跟其他老师一讲，阻力也就自然而然地消解了。至于网络，就是借助各种互联网平台，包括 QQ 群、微信群、博客群等，传播教育理念，交流教育经验，聚集志同道合的教师，组成有利于学校健康发展的新的小团体。

其实，老师们需要明白的是，做校长的，一直处在各种力量的控制之下，这控制最大的一股力量就是行政的力量。此外还有社会的、家长的，甚至包括我们这些教师和学生的，这种种的力量搅和在一起，会让校长们没有办法按照学校的价值取向和已经确定下来的思路去办学。做校长的，并不是想做就可以做的，他们同样会在方方面面的制约下把自己的棱角一天天给磨平了。无论是制度的、社会的、家长的、老师的、学生的等方方面面的要求，往往跟学校管理者的理念是不同步的，甚至是截然相反的。

如果我们认识到"众包"和"蜂群思维"对学校管理的价值，就可能慢慢改变管理理念与管理行为。这种改变，我以为第一位的就是要静下来读点书。校长们自己不读书，可以要求教师和学生去读书吗？还指望你所在的团队和学生认真读书吗？教师也是如此。我们现在主要做的不是读书的事情，而是应付考试、验收检查的事情。校长们整天打交道的是各种会议、文件、数据统计与汇报，老师们成天打交道的则是教材、教参、试卷。要想有一个良好的教师团队，有效的途径之一就是组织起来一起读点书，一起聊聊天。不要以为聊天不是好事情，许许多多的问题就是在聊的过程当中发现和解决的。只是这个摊子不能太小，还不能搞小团体，最多只能是一所学校教师的 10% ～ 20%，然后通过滚雪球的办法去推进。教师专业成长引领既不要乐观，也不要悲观，做了，多少总会有成效的。我们可以将全面号召与重点扶持结合起来，但是不要寄多大的希望。一个管理者，如果对"众包"和"蜂群思维"有所认识，他的管理行为会慢慢得到改善，他所带领的团队也会活力四射。

管理者的智慧在平衡自然选择与人工选择

　　一所学校的起步发展，灵魂一定是教师；一所学校在传承中发展，内涵注定也是教师；一所学校的可持续发展，根基必定是教师。学校之间真正的差异，不是物质条件上的差异，而是教师素质的差异。当一所学校的教师把个人理想、抱负和个人的能力得到最大程度的发展作为其职业生涯最为重要、最为充实的生活方式，那么，这所学校就拥有了发展的真正内在动力。

　　推动教师的个人发展应该是学校管理者的主要任务，当然更应该成为教师的文化自觉。一所学校没有教师的发展，就没有学生的发展，没有师生的发展，也就没有学校的发展。在今天的教育生态下，学校发展固然要看考试成绩，但作为管理者，必须清醒地认识到，学校教育除了考试成绩还应该有更丰富的内涵，这当中教师的个人发展应该是一个很重要的标志。

　　我在以往的学校管理实践中，对教师个人成长的路径和方法也有过不少思考，但实践之后总体感觉教师的发展是不均衡的。我常常思考出现这种状况的原因，除了教师个人的因素外，学校在推动教师发展上的策略还是有问题的。主要的就是管理者推出的主张大多为一般号召，但因为内驱力是个体发展的前提，在一般性的号召外必要的时候还应该有一些强制性的措施，这是我们处在这种文化生态下的窘境。有的学校组建了不少青年教师团队，也出现了几位比较出色的才俊。但是由于这些团队是松散型的，缺乏明确的任务驱动，许多人仅是挂了个名而已。我以为一所学校的文化，如果造成那些本有天分和基础的教师自生自灭的状况是十分可怕的。学校在策略上有时候还是应该给教师一些压力。人是有惰性的，内需在许多时候要由外力去诱发，没有适时的引导与鼓励，一时的内需往往就会化为乌有。

杜威说"教育即生长"，孔子也说"教学相长"，教的过程不仅是学生的生长也是教师的生长过程。一个教师的生命状态联结着许多学生的生命状态。所以，知识、见识、艺术、学术，是对教师的基本要求。学校必须倡导教师每年读几本书，写几篇文章，作几次讲座，搞几次交流，问题是没有相应的激励措施往往会流于形式。所以一个要求提出来以后，还要有相应的跟进措施，这措施，更多地应该着眼于给教师提供可以展示自己才华和成就的平台。当教师们都能自觉读一点书了，学校的文化生态可能就会慢慢发生变化。

如果个人想有所发展，有所坚守，恐怕需要皮厚一些。据《柔石日记》记述："鲁迅先生说，人应该学一只象。第一，皮要厚，流点血，刺激一下了，也不要紧。第二，我们强韧地慢慢地走去。我很感谢他的话，因为我的神经末梢是太灵动得像一条金鱼了。"鲁迅先生在和许广平的通信中，经常署名"小白象"，或是"你的小白象"。在今天，皮厚已经成为一种新常态了。

要让教师皮厚一点，管理者首先要皮厚，要抓住一切可能的机会阐释自己的教育哲学，倡导适合学校的学校哲学，只有管理者有了自己的文化自觉与文化自信，所带领的团队才有可能有自己的文化自觉与文化自信。自信满满加上脚踏实地，我们所期待的健康的学校文化生态才有希望出现。

在今天的教育者中，那些大谈技术与操作的人，往往有着"专家"的桂冠。如何不被这些桂冠吓到，恐怕非皮厚不可。皮厚一点才可以不畏权威，才可能有弄斧到班门的勇气，才有机会得到更多的高人的指点。教学活动本质上是一种文化传递的活动，我们这个民族、这个地区、这所学校或者说上一辈人的文化，乃至于我们的行为当中所表现出来的文化，通过学校的教学活动，以及与学生的相处传递给下一代，再下一代。作为教师，要把教材上的内容传递给学生，达到有效教学的目标，这当中确实需要借助一系列的操作方法。必须考虑如何操作，一步一步怎么往下走，如何使教材上的内容变成学生身上所应有的知识储备。不皮厚一点，没有一点耐心，我们何以丰富自己的知识，提升自己的技能？没有丰富的知识垫底，没有熟练的技能支撑，又如何能够得心应手地驾驭课堂？更不要说教师个人的生长了。

需要强调的是，生长是一个缓慢的过程，急不得。这急不得，不只是学校与管理者不能急，更要提醒教师不要急，沉得住气，弯得下腰，抬得起头，所谓十年磨一剑，其实不过是另一种皮厚而已。

好教育、好教师是怎样的

中小学校课程尽管有所谓国家课程、地方课程、学校课程之说，但实际的情况是国家课程一统天下的，因为中高考，考的只是国家课程规定的那些东西，于是所谓地方课程、学校课程就只是说说而已，充其量也就是为了应付验收检查，装点门面而已。实际的情况，就如教育哲学家内尔·诺丁斯对美国教育的批评一样："教育系统对言论和批判性思维的压抑很普遍。学校课程受到狭隘地、专门化地限定。"学校教育就这样处于"没有争议性问题""没有批判性思维"的状态中。

固化的课程体系压抑了师生的思维，
使人们丧失了批判性思维和创造精神

表面上来看，时间毕竟是个常数，一旦将时间给了地方课程、学校课程，国家课程（确切一点说，就是考试课程）的时间必然会有所减少，谁还敢去冒这个险呢？但实质的问题是指挥棒往哪里指的问题。统一的课程、标准化的考试，看起来是出于科学与规范，其实背后恰恰是一统天下的固化的体制与固化的思维，其表征就是所有的学校一个标准，一种教材（看上去确实有不同版本的教材，实质上这些不同的版本依然是处在一个标准下的），一个目标，谁也休想越雷池半步。正是这样的课程体系压抑了师生的思维，使得大家慢慢地丧失了批判性思维和创造精神。我们还在那里久久地纠缠什么"钱学森之问"，岂不搞笑？

我们的教育就这样天天上演着口是心非的闹剧，一方面大谈"三个面向""为了每个孩子""为了民族复兴"……一方面却无视不同的学校、不同的教师和不同的学生的需要；一方面高喊为了学生的未来，一方面却不教授学生未来生活必需的知识和技能，比如如何独立生活，怎样与人相处、为人子女、为人父母……在这样的教育体制下，理论家与官员们总是鼓吹"没有教不会的孩子，只有不会教的老师"（尽管有人强调这原本是一种信念，而不是一种判断），家长和教师则有意无意地"热衷于控制学生，他们总是安排作业和学习时间，对未按期完成任务者实施惩罚，鼓吹勤奋、顽强的工作价值观"，孩子们就这样在方方面面的驱赶下奔命于各种形式的通往考试机器的路上。

教育之难，难在对教育的性质与价值的理解上

哲学家康德认为，"有两种人类的发明是困难的——就是政府艺术和教育艺术"，我的理解是政府与教育的艺术臻至完善是困难的，任何寄希望一夜之间就可能实现的变革，或者通过一种方式的运用就可实现的改变和达成是荒唐与可笑的。康德之所以认为教育是人生"最困难、最大的问题"，其实是要提醒成人明白这样的道理：不可以只将教育视为幻想和美梦，也不应该畏惧教育的复杂性，而应从人的发展出发，立足当下，面向未来作出我们可能的努力。教育是一种异常复杂的工作，在当下其复杂性主要表现在我们已经迷失了教育的方向所在，许多时候我们已经相当尽力了，却往往收效甚微，甚至还会遭遇冷嘲热讽，乃至打击压抑。所以弗雷勒写了《十封信：写给胆敢教书的人》，格特·比斯塔写了《教育的美丽风险》，费尔南多·萨瓦特尔也有教育是一种"勇者之为"的论述。

每一个个体对教育的性质与价值的理解，自然会影响教育的路径与方法的选择，学校也一样。康德认为：帮助幼儿成为独立或生活的人的活动，就是教育。这样的活动必须让儿童自己去了解和领悟到自己作为一个人所应尽的义务、责任，这样才能使他们在教育过程中慢慢地成为一个人。

教育之难，还难在知易行难上

作为教育者，我们在教育过程中必须心存人的观念、人的尊严来教导

儿童。这大概就是康德所主张的所谓的儿童立场，或者说学生立场。退回到教育者自身来看，所谓的人的立场，首先要求我们自己成为一个独立生活的人才行，所谓得人成人，从这个角度来理解，或许会更实在一些。所以康德认为"教的人要受过教育"，"没有受训练和教导的，就不适合教学生"。对这样的道理我们没有几个不明白的，但在实际的教育中，我们常常是会将"人"弄丢的。

康德关于教育是人生"最困难、最大的问题"的论断在今天提醒我们，作为教师必须警惕打着教育的旗号的反教育行为，学校出台的校规校纪不可以违反法律，也不能伤害人格。但事实上这类不合理的校规校纪却累见不鲜，比如，关于限制男女生交往的种种校规校纪——男女生之间的最小距离不能小于50公分、男女生不得在同一餐厅就餐等。还有作为教育者，面对当下行政推动的种种"教学模式"可能会导致的负面效应当有敏锐的反思与批判：一堂课硬性规定教师只能讲多少分钟，学生讨论、活动一定要占多少时间，不仅难免导致学生思维和表达的浅薄和虚假，更为可怕的是会慢慢导致我们这些教师对教材和文本的浅阅读，对课堂教学的伪研究。最终必将弱化我们的教育技能，缩小我们的视野，使得我们丢弃教育的初心，使得我们的教育在应试与功利的道路上越走越远。

教育者要不断修正和完善自己的目标与主张

康德有句名言："有两样东西，我们越是持久和深沉地思考着，就越有新奇和强烈的赞叹与敬畏充溢我们的心灵，这就是我们头顶的星空和我们内心的道德律。"康德的哲学，实质上是一种批判哲学。一个明智的老师，会时时刻刻反思当下教育实践的具体现象和问题，探寻这些现象与问题所产生的根源所在，进而思考解决这些现象和问题的路径与方法。更重要的是，他会在自己的教育实践中有意识地避免他所看到的问题在自己身上的表征，会坚持自己认定的教育目标和主张，排除艰难不断前行，并在前行的道路上不断修正和完善自己的目标和主张，使之变得更为明晰和清醒。

康德在《纯粹理性批判》中说："虽说我们的一切知识都开始于经验，但是并不能因此就说一切知识都来自经验。……因为很有可能，即使我们的经验知识，也是由我们从印象中接受来的东西和我们自己的认识能力从自身（不过由感性印象而诱发）所提供出来的东西二者复合构成的。"他认为知识必须符合对象，认识主体要围绕着认识对象转。由此生发开去，教育者要走出教育的困境，是不是应该思考和探索教育如何从教育对象出发，围绕着教育对象转的教育路径与方法，慢慢改善当下的教育困局与生态？

单边的传递使教育的内容越来越窄

内尔·诺丁斯在《批判性课程：学校应该教授哪些知识》中指出，如果没有对日常生活中关于教与学、战争、持家、为人父母、广告、生存、与动物的关系以及性别与宗教等中心问题的批判性思考，"教育一词实际上就变得没有意义"，而在实际的教育生活中，我们哪一天不在干这样没有意义的勾当？看看今日之学校，哪有时间关注这些，曾看到一位老师的微信说，开学了，看了一天的教师用书。开学了，能看看教材和教师用书已经很尽职了，谁会去想，除了教材和教师用书，我们还应该看些什么？谁还会进一步去想，除了规定的课程，我们究竟应该教给孩子些什么？我们一天到晚所做的就是"单边的传递：努力学习，获得高分，进入好大学，找到好工作，赚许多钱，买大量的东西"，就是不会去想，我们今天所教的真的是为了他们未来的幸福吗？教育的内涵就是这些吗？

无论中外，我们总是习惯没有爱就没有教育，但就是不去想，无论是爱上帝、爱祖国、爱民族、爱集体，还是爱学生、爱他人，并不意味着不讲原则，不顾理性。是的，人是情感的动物，人生在世不可能没有情感，也不可能没有激情的驱动，但这并不意味着滥情与催情，不讲原则和理性的情感难免使人助恶，甚至作恶。学校教育有责任帮助孩子学会控制情绪，发展理性思维，形成向上的、积极的、公允的价值观，尽可能地避免感情用事。

好教育与好教师会鼓励学生对所学课程进行思考和讨论

如果我们真的是为了孩子未来的幸福，尽职的教师就不应当教条式地对待课程与教材，而要尽其所能地收集与课程和教材有关的所有材料和信息，并将它们呈现给学生，邀请他们共同参与批判性思考。尽职的教师不是只告诉学生是什么，更不是让学生去相信是什么，而是尽其所能引发学生在已有资源的基础上求证：证真或证伪。实际的教育生活中，我们缺失的正是这样的批判性思考，因为我们从未被要求过进行批判性思考，或者说我们也从未被允许过进行批判性思考，我们所接受的就是接受与服从，就是一个标准，一个目标，一种声音。所以我们也就自然而然地要求学生一个标准，一个目标，一种声音。更为可恶的是，我们总是将那些有异见的同事与学生视为异类，千方百计地疏离甚至打压他们，迫使他们不得不循规蹈矩，回到我们的标准和预设的轨道上来。

从批判教育学的视角来说，好教育与好教师不应该追问学生是否相信什么，而要鼓励学生对所学课程进行思考和讨论。我们一直以来所讨论的教育与教师的价值和功能或许在这个过程中会有所体现。

传统文化进校园需要甄别与筛选

今天，传统文化进校园似乎已经由一种时髦转为一种需要。谈及传统文化，大家马上联想到中华五千年之灿烂文明，联想到"礼仪之邦"，联想到"半部《论语》治天下"，联想到"道法自然"，直至油然而生出某种莫名的自豪感。尤其是在当今"国学"渐渐盛行的背景下，文言文、古诗词等在校园中"重装上阵"的氛围中，传统文化华丽地转过身，成了教育的一大热点。诸如《弟子规》《千字文》之类迅速流行于课堂，一夜之间，教育便被迅速绑定，也不管它愿意还是不愿意。不少人以为"教育就是要继承和弘扬传统文化的"，这种"锁定效应"和"定式思维"，让越来越多的教育人士深感疑惑和无奈。

美国历史学家斯塔夫里阿诺斯在其著名的《全球通史》中，对中国人有这样的一段评价："有史以来，从未有过一个民族面对未来竟如此自信，却又如此缺乏根据。"是的，作为屈指可数的世界文明古国的后人，我们的确曾有过高度发达的文明，但这并不能成为今天盲目自信和自豪的根据，特别是在并不理想的教育现状中，对传统文化究竟是全盘吸收、顶礼膜拜，还是重新解构、焕发新姿，已经成为一个现实问题，摆在了每个人的面前。从学校层面而言，恐怕需要以一种审慎的态度来应对。

甄别：传统文化的再定义

众所周知，"传统文化"作为一个通俗的概念，几乎不需要精确的定义。在我们说到"传统思维""传统经济""传统模式"中，都带有一定的"落后的、过时的"意味，可独独面对"传统文化"时，这一词性就转成了褒义，情感的天平也不由自主地发生倾斜。《汉语大辞典》对"传统文化"的定义为："一个民族中绵延流传下来的文化。任何民族的传统文化都是在历史过程中形成和发展起来的，既体现在有形的物质文化中，也体现在无形的精神文化中。如人们的生活方式、风俗习惯、心理特性、审美情趣、价值观念等。"我们看到，既然关乎"方式""习惯""心理""情趣""观念"，自然就有是非、高低、正误、雅俗之分，所以"传统文化"在属性上只是中性的，它是一把双刃剑，"运用之道，存乎一心"而已。

另一个与之相关，却常被人混淆的概念是"文化传统"。传统文化反映的是一个民族的特质和风貌，是其在历史上各种物质形态、思想文化的总体"大集合"。"文化传统"却是指贯穿于民族和国家各个历史阶段的各类文化的"核心精神"。也就是说，前者更多是"形而下"和"形而上"的共同体，而后者专指"形而上"。

"万物负阴而抱阳，冲气以为和"，既然我们的传统文化有精华也有糟粕，文化传统有正向也有负向，那走向校园的"传统文化"就不再是普通意义上的了。它必然有个"窄化"和"精确"的过程，即经过科学、严谨、细致的筛选，符合现代教育教学论和伦理观，同时又有助于开启智慧的思想结晶或操作途径。"纸上得来终觉浅，绝知此事要躬行"，说是容易，但一般人对文化传统的正向激励或有感受（并以之为骄傲，奉为圭臬，一代代传递下去），但对文化糟粕、文化陷阱乃至文化毒瘤并不能充分认识，因为长期的浸染和共存，我们的知觉已经完全"钝化"了。用台湾学者柏杨的话说，就是中国负面文化的"大染缸"几乎可以染黑一切原本优秀的东西。在鲁迅那里，这又被称为"哀其不幸，怒其不争"的"民族劣根性"。

甄别文化的优与劣，是一件特别不容易，但同时又是意义特别重大的事。很多人在讲台上滔滔不绝地一口一个"仁义""忠孝"，却不知还有"假仁""假义"，"愚忠""愚孝"；张口闭口《弟子规》，却不知有"亲所好，力为具；亲所恶，谨为去"等不宜词句。所以，要是这一关没过去，后面努力的文化传承也好，文化创新也好，都有可能是建立在错误基石上的无效劳动和负效劳动。甚至可以说，越是努力，危害教育的程度则越深。教育这一特殊事业，它本身对教育对象的发生效用就有一个滞后性（所以，真正客观的教育评价是明显带有滞后性的，教育不能太过浅视和急功近利的原因也在其中），如果在其中掺杂了"伪劣产品"，甚至"三聚氰胺""苏丹红"，那对后代的影响真就无法计量了。

那么甄别传统文化的标准是什么？我以为，就是人的发展和生命的健全。美国教育家杜威在阐述教育的本质属性时，就下过著名的论断：除了生长，教育别无目的。如果一种文化是真正引导人走向认识的真善美的，有一种反躬自问的慎思精神，有一种培养人"独立之精神，自由之思想"的底蕴在，那它就是学校所需要的。

今天，我们对"人的发展和生命的健全"在教育层面上的理解，已经超越了杜威生活的19、20世纪的认知，越来越关注与脑科学和心理学的联系，越来越重视"实证"研究，越来越离不开"大数据"和"云计算"。对于优质的传统文化的甄别，对于利用传统文化适应全新教育背景下的校园建设，在这个意义上说是具有创新意义的。

选择：传统文化的再利用

有了甄别，自然就有了选择。传统文化的选择，实际上就是在新时期对教育资源的一次全新整合。我们需要清醒的是，不是所有传统文化都可以进校园的，也不是靠"行政命令"的施压、"专家建议"或"名师推荐"的蛊惑，传统文化就能想来即来、想走即走。一地一校对传统文化的选择，必须是经过严格筛选和控制的。

如果学校对传统文化来者不拒，传统文化过多过滥，就会变成"大杂烩"或"大卖场"，那么教师和学生就易形成经济学上说的"边际效应"，即他们对所谓的"传统文化"已经不再抱有期待和新鲜感了。时间一长，原本用于辅助教育的传统文化会蜕变成"食之无味，弃之可惜"的累赘。更为严重的是，学校的价值主张也会在如此众多的冲击中被稀释，被淡化，被消解，令所有人陷入审美疲劳的尴尬境地。同时，喧宾夺主的传统文化，尽管它本可以发挥教育功能，也会因与学校的既定轨迹发生碰撞而被大大削弱。印度国父甘地说"我希望世界各地的文化之风能尽情吹到我的家园，但是我不能让它把我连根带走"，即是此理。

进校园的传统文化，不仅取决于它自身足够正能量，足够吸引人，足够打动人，还须与学校、课堂、学生本身的气质保持一致。简而言之，这种文化，既要是最具民族特色的，又必须是基于具体的社区和学校传统的。当学校和老师施行传统文化教育时，应不着痕迹地切合于学生的需要，即要足够"接地气"和"草根化"。下面仅以我年轻的同事邱磊老师的一段回忆文字为例说明：

有一回，我在课堂上注意到一位姓姜的男生不是特别有精神，学习有点懈怠，恰巧当时说到黄土高原，我就临时插了一段：

同学们，我们在文化上都自称是"炎黄子孙"，但往细处说，其实是不一样的。从上古时代开始，炎帝与黄帝即在黄土高原一带逐鹿，当时气候温暖，水草丰盛，畜牧业发达，氏族以"羊"为图腾——证据就是汉字中的"美"、"祥"、"善"、"鲜"等，凡有美好寓意的，多始于此。部落生育儿子的，即姓"羌"（"羊"＋"儿"）；生女儿的，即姓"姜"（"羊"＋"女"），这两个古老的姓传到今天已经将近5000年了，但更重要的是，他们是炎帝的直系后代！我们理应对他们更加尊重。

听到"直系后代"四个字，学生的眼睛都直了，教室特别安静，众人都不由自主地将目光投向那位姓姜的男同学，而他似乎有点激动，没料到在地理课上竟然得到如此"尊荣"，不好意思地朝大家笑了笑，还跟我吐了吐舌头，气氛活泼而融洽。春风化雨，润物无声，这种教育–教学合一的"提醒方式"，既无须教师苦口婆心，也无伤孩子自尊，双方各取所需，文化之妙，张弛之道，可见一斑。

——《"字字珠玑"话地理》

邱老师在地理课上用到的是"汉字文化"，或者具体说是"姓氏文化"，他抓住学生猎奇的心理，一步一步"勾引"学生进入精美的文化世界。在这个世界中，学生不但得到了知识的体验，还享受到了"与我生命有关的地理"，是一种个性打造的"我地理"。于是，文化的效用就体现出来了，并开始潜移默化地影响着每个人。

不难发现，不管利用传统文化进行学科教学，还是德育建设、学校管理，其实都一定要倾听到对方的需求声。只有供需双方都在同一个频道上，彼此之间形成默契和信任，传统文化的"再利用"才能有效实施。并且，这种"再利用"的过程由于一方面深深扎根于学校和学生的实际需要，一方面又紧紧跟随于时代进步的步伐，于是，它是具有明显的创新意义的。

比如，上述案例中通过"姓氏文化"促成的"课堂生成"，我相信，任何一个孩子能在现场与老师分享到如此有趣、有料、有感的文化演绎，都是终生不会忘记的——因为对传统文化成功的"再利用"会在那时润物无声地滋养他的全部生命。

增值：传统文化的再发展

当我们对传统文化的选择有了明晰的定位后，重点考虑的，就是传统文化的"增值"问题。很多人认为，传统文化主要用于"传承"，而"增值"则一般少有人提，甚至听起来颇有点悖论的味道。因为"传统文化"总是在漫长的历史长河中缓慢积淀的，是一种稳定的客观对象，但"增值"需要舍弃与变革，带有"先破后立"的味道。

其实，"传承"并不是照搬照抄的低级复制，它的最终目的就是发展，就是创新。从历史的发展进程来看，如果一种文化只是机械地在一代代人中间"依样画葫芦"，那它一定会消亡，因为随着生产技术水平、社会认知水平的提高，文化若不伴随传播方式和内涵的同步更新，则必然无法为社会进步产生价值而被无情淘汰。任何一种传承千百年而被人们津津乐道的文化，必然能"与时俱进"。学校在传承传统文化的同时，就要想办法将之与时代脉搏紧密相连，比如，在中西方文化的批判比较中，用西方的价值体系、思维方式阐述东方文化的奥妙和精髓；在"大数据"的深度挖掘中，揭示传统文化的细节和优势；在学科建设中，对传统文化中的潜藏学科因素充分分类聚焦，形成角度新颖、内容独到的文化饕餮。

当然，传统文化的"传统"二字也很重要。一方面"传统文化"的稳定性对垫厚学校的根基有重要意义，如果一所学校没有稳定的文化资源，整天只知道应付考核、考察和考试，那必浅如浮萍，轻似鸿毛，是没有灵魂的，只有坚持特定的文化信仰，甚至在办学的风雨兼程中自己也可以形成独立的"传统文化"，学生的根才算扎下了。

另一方面，让传统文化增值恰是学校生命活力的源泉所在。除了器物层面、制度层面和管理层面的创新，最高级、最彻底的创新方式就是不断更新文化内涵，让文化可以自己生长，并达到教化的目的。所以，学校的管理者应持有正确的"文化观"，明白文化绝不是僵死不变的，否则它只会切断学校和学生的生机，将之拖向暮气沉沉、故步自封的倒退状态。只有在找准学校发展定位的过程中，坚持秉承"生而不有，为而不恃"的文化观，源源不断的创新力和生命力才得以令校园生机勃发。

从操作层面上看，传统文化的"再发展"既要有一定的形式，更要同时代合拍。所谓"形式"，就是要有具体的载体，这个载体可以是时空层面的，也可以是精神层面的。比如，民国时期的国学大师刘文典有一次讲授诗词《月赋》，讲至一半，忽然卖起关子，宣称关键处要留到"下星期三晚饭后七时半"再揭秘。原来，那晚恰是阴历十五，皓月当空，他选择在如此的情境交融下侃侃而谈，让在场听众都大呼过瘾。这就是利用具体的时空情境来实施传统文化的教育，以期获得理想的教学效果的很好的范例。

再如，利用现代互联网技术，让承载学校治学理念的传统文化通过微信、微博、微课的方式传播，鼓励建立 QQ 群以及与此相关的视频和语音互动，广泛参与文化讨论和学习。除形式创新外，在内容上可进行"纵横"两条线的探索，纵线上，即是从时间轴上的文化演变看学校发展，横线上即是在与周边地区的文化落差中找到创新的薄弱环节和缺口。不管是纵线还是横线，其实都只是为学校的传统文化提供了一个参照系，从管理学的视角说，就是引入了竞争机制或激励机制。这种机制，赋予了传统文化不断创新、发展的新动力。

学校的健康发展，肯定离不开传统文化的支撑。但如何甄别传统文化的优劣，如何选定符合本地域、本学校发展实际的文化方向，又该如何创造性地发挥文化的价值，是影响传统文化在学校实施的三个重要问题。这三个问题，环环相扣，一步一步地将学校建设中传统文化的再定义、再利用、再发展作了梳理。其中，最为核心且贯穿始终的是传统文化的"增值"，它是所有问题的根源，也是所有问题的归宿。

如果学校管理者与教师都能沉下心来，切实按照这个"三部曲"实施自己的文化战略和目标，那么，学校将逐渐迈过三级台阶，在创新和发展中勇立潮头，实施一次"轻悄悄的校园革命"。

努力成为"批判性的教育者"

我们谈及学校质量的时候，更多谈的就是"班级规模、课程、测评"，环顾四周，有多少名校、名校长不是从他们的学校规模、班额大小、课程"改革"、测评路径上面来标榜自己的业绩的？回头看看，又有多少是在"真正对学生学习有作用的学校教育属性——使学习可见的'进程'属性"上花气力、做文章的？对此，澳大利亚学者约翰·哈蒂在《可见的学习：最大程度地促进学习（教师版）》中建议我们多关注"真正对学生学习有作用的学校教育属性"——使学习成为可见的进程。约翰·哈蒂所讲的"可见"，"首先指让学生的学对教师可见，确保教师能够明确辨析出对学生学习产生显著作用的因素，也确保学校中的所有人（学生、教师和领导）都能清晰地知道他们对学校学习的影响"。"还指使教学对学生可见，从而使学生学会成为自己的老师——这是终身学习或自我调节的核心属性，这也是热爱学习的属性"。我们需要反思的或许也正在这里——今天相当热闹的学校教育"改革"与"研究"有多少是指向人的终身学习、自我调节"核心属性"和"热爱学习的属性"的？

对学生学习有作用的学校教育属性是什么

作为教师，我们要弄明白"对学生学习有作用的学校教育属性"，就要明白"我们必须保持学习的优先地位，并且以教学对学生的学习产生的影响作为思考教学的根本"，学校的所有工作都应该围绕着这一主题来展开，偏离了这一主题的"改革"，就偏离了学校教育的应有的轨道。学校自然要关注学业成绩，但学校如果单单为了学业成绩，"过分关心学业成绩就会错过太多信息，比如学生知道什么、能够做什么、关心什么"，如果错过了这些信息，教学就难免偏离学生的需要。事实上"许多学生热衷于学习，也会花大量的时间取得与学校无关的成就"，也陶醉于追逐学习——批判、错误的转变以及发现成果。但在日常的学校运作中，我们往往无视学生这些方面的学习兴趣。其原因就在于我们常常忽视学校的另一个重要目标——发展批判性思维。我们更多强调的是统一与服从。要扭转这样的局面，我们这些教师和学校领导首先要成为"批判性的教育者"，以便更好地"评判"我们正在对学生产生的影响。

改变我们思考自身作用的方式

今天的教师急需做的是"改变我们思考自身作用的方式，从而评价我们对学生的效应时能够有高水平的协作，富有自信，并能全身心投入"，教育系统和学校管理，包括每一位教师"必须引领这一评价进程，创建一个安全有益的环境，使评价能够执行"。要从学生的视角看学习，搞清楚是什么以及为什么造成了学生的差异，用我们的努力帮助学生成为自己的老师。这当中有一个重要的转变就是教师要在教学中学会教学，校长要在管理中学会管理。

联合国教科文组织 2015 年 5 月在韩国举行世界教育论坛，发表的《仁川宣言》明确将"批判性思维"与"创造性""协作能力""好奇心""勇气及毅力"视为所有人的知识基础。可见，批判性思维对于人之为人的重要性。今天的教师只有努力成为"批判性的教育者"，才可能在纷繁复杂的教育生态中不致迷失。

巴西教育家弗莱雷说："人作为'处在一个境况中的'存在，发现自己植根于时空环境之中，这种环境造就了他们，他们也造就了环境。他们往往对自己的'情境性'进行反思，受'情境性'的挑战并对之作出行为反应。人存在是因为他存在于情境之中。他们越是不但对自身的存在进行批判性反思，而且批判性地对其存在作出行动，他们的存在就越具体丰富。"作为教育者，必须高度关注具体的教育教学情境，通过对情境的观察思考，发现自己和学生对具体境况的反应，通过批判性思考反思得失，一方面可以及时改善自己的教育教学行为，另一方面可以同舟共济，避免学校教育教学偏离教育应有的轨道。

我不能替别人思想，别人也无法替我思想

作为具体的个体，彼此"处在一个境况中"的批判性思维，其实就是对彼此生存条件的反思。在教学关系中，我们必须明确"我不能替别人思想，没有别人我也无法思想，别人也无法替我思想"，他者的思想我们不可能替代，因为他们有他们特定的境况。作为教师，我们能做的恐怕是想方设法改善自己与学生所处的境况，或者尽其所能为自己与学生营造一种适合的学习氛围；另一个方面需要提醒自己的，恐怕就是"没有别人我也无法思想，别人也无法替我思想"，我们的教育教学主张，必须来源于同别人交流与互动，但是别人的思想终究是别人的，自己的思想应该是也只能是自己的。

当批判性反思成为一种习惯时，我们自然就会发现那些鼓吹某种理论颠扑不破的专家们，其实就是"以科学公正的名义把有机的东西变成无机的东西，把变化中的东西变成现有的东西，把生变成死"，因为他们害怕变化，这样的人往往"从变化（这种变化没被他否认，但他对这种变化不抱希望）中看到的不是生命的迹象，而是死亡和衰变的征兆。他的确研究变化——只是为制止这种变化，而不是为了激化它或加深它"。因为一旦被他们视为金科玉律的东西遭到质疑了，也就意味着他们的教主地位即将面临动摇的威胁。

须知"在既定客观事实、人对这一事实的看法以及生成主题这三者之间存在某一关系"："如果人改变了他们对主题所指的客观事实的看法，那么他们就表达了一个有意义的主题，并且他们在某一特定的时刻对主题的表述就会不同于早先对主题的表述。"通过批判性反思会对自己早前理解的事实有新的、更为可靠的认识与表述，这种认识自然会促使我们改变管理策略，改善管理行为，并用自己不断改善的实践来证明世上绝没有一成不变的招式。

美国学者琼·温克在《批判教育学》中说："'批判'不仅意味着'批评'，批判还意味着能透过表面看到深处——思考、批评或分析。"可见"批

判"不仅是批评，更多的是思考与分析，就是透过对表面现象的思考与分析探究其发生发展的原因所在的思维和表达过程。

时下的教育生态，导致的问题就在自上而下都"非常急于创建一个模式或框架，然后把信息塞进去"，因而很少意识到教育教学没什么唯一的定义，更"没有什么唯一的批判教育学"。批判思维是"让人们思考、解决并转变课堂教学、知识生产、学校的组织机构之间的关系，以及更为广泛的社区、社会和国家的社会与物质关系"，定义总是生成性的，比如"'批判性的'并不意味着'坏'，也不意味着'批评'。相反，它意味着'看到更远'，意味着内外反思，意味着更加深入地看到教学中的复杂方面"。

理想的教师，首先应该是个批判者

我一直认为，理想的教师，首先应该是个批判者。因为没有批判和反省，就有可能在纷繁复杂的教育生态中迷失自我，就没有建设，离开了批判的建设是不现实的，甚至，在一定程度上讲，批判就是一种建设。

我以为今天亟须批判与反思的另一个问题是上上下下对教育效率的崇拜。效率崇拜下的教育，就如美国学者雷蒙德·E·卡拉汉在《教育与效率崇拜》中批评美国教育时所言："在很多情况下，学校管理者们将自己视为企业管理者，或者按他们的说法，是'学校经理'，而不是将自己视为学者或者教育哲学家。"我认为，不仅理想的学校管理者应成为教育哲学家，理想的教师同样应成为教育哲学家。"教育不是生意，学校亦非工厂"，教育为的是人类文明的传承与发展，指向的是人的生长。没有对教育的哲学思考，就难免随心所欲。当下的教育所出现的林林总总的问题，不排除有不少是因为地方政府出于成本考虑的缘故。但更为可悲的是，我们这些搞教育的往往"将各种追求的效率的方法应用至课堂学习、教师、学习计划、学校组织、管理功能乃至整个学校系统，由此产生了对效率的疯狂追求"。在这种狂热的追求下，我们总是希望教育尽早出现着眼于"标准"的批量化生产的模式和技术，于是热衷于各式各样的"标准""规范"的制定，对考试工厂的追捧也就成了一种普遍心理。

在这样的格局下，如何从短浅的"效率"眼光中跳脱出来，从利益的疯狂角逐和百般讨好中觉醒，也许正是我们需要反思的事情。一个理想的教育者，应该有自己的教育信条和教育理想，而不甘于任人摆布，深陷于"效率"的无尽攫取中。

效率崇拜对教育的影响，必然使我们在实用性、操作性上下功夫、动脑筋。热衷于"术"的"改课"、层出不穷的教育模式、日益泛滥的"高效课堂"成为时尚，原因就在这里。"商业影响教育的途径有很多，主要表现为：通过报纸、杂志和书籍，通过教育会议的演讲，以及更为直接地通过学校董事会的活动。商业对教育的影响的发挥可以通过院外人士，可以通过记者，可以通过商业家或者企业家……无论是哪一种途径，其影响都会以建议或要求的形式表现出来，学校就会以更加商业化的途径和方式来组织和运作，其重点会立刻放到更具实践性和实用性的教育上。"衡水中学、杜郎口中学、洋思中学这类学校影响力的扩大、迷惑性的增强，其主要手段与途径正是基于此。只不过我们总是视而不见，或者骨子里就想无视。因为这一套东西对少数热衷于著书立说的人来说是相当有诱惑力的，他们十分希望"通过这些书把商业管理观念传达给新一代的管理者"以炫耀自己的卓著成绩，更希望其他人可以按照他的方式，操弄学校，操弄课堂，炒作成绩，进而操弄教育，将自己打扮成教育家。

约瑟夫·泰罗认为："一个教师成为能手之后，已学会了以他自己的方式来稳固其成果，校长和督学不该以强制的方式来提出些琐碎的指示。"但实际上，各级教育行政部门及其管理者都"几乎无一例外地设计着复杂的教师工作定级计划"。所以，中小学教师不得不花费大量的时间耗在职称评定、各级各类荣誉的申报评审之上。这正如约瑟夫·泰罗所言："教师多年来已经'温顺却心怀怨恨地'接受了定级"，"部分原因是其职位没有保障，部分原因正是如杜威所言：'年轻人中最温顺的大部分人就是长大后成为教师的那些人。'"当下的机制，教师虽没有被辞退之忧，不过，狼已经快要来了，退出机制之说已经甚嚣尘上许久了；更何况，各种评审、考核、验收已经使得更多的校长、老师为了保住稳定的收入而不得不屈从。

不可否认的是也许各种评审、考核、验收也有其优点——如果能够得出相对真实的结论的话，"但更带来了悲剧性的后果，它不仅促成了学校管理的'专业'性质，使其在专业形成期便朝向商业和机制的方向发展，而且还导致了许多颇具才智的教育家被迫在琐事上浪费时间"。——可以说，我们当下的种种评估、验收、检查、督导等的结果不仅如此，还使得学校上上下下在做假账上投机取巧。

效率崇拜下的教育，内在的逻辑在于：人家这样做了，我不这样做，要是考不好，风险太大；反之，人家做了，我跟上，就算考不好，至少少了一条罪状。这样一想，我们就不难理解为什么着眼于考试成绩的"高效课堂"会泛滥成灾了。

在一切以"效率"为核心的价值体系里，教育的专业性早已经受到了严重的挑战。"连续的经济压力使许多不合格和不具备资格的人成为了公立学校的领导者"，这一点，其实在校长的"委任制"下更明显。教育的专业性，在一个唯及格率、优分率、完成率、升学率等的局长或校长面前，早已经脆弱不堪。短期内能见效的只有商业效率的那一套，诸如延长劳动时间、增强劳动强度、降低生产成本、强化达标检测等，在所谓教育规律面前，不过是浮云。所以，非专业人士担任校长的现象，在一些地方也就见怪不怪了。

时下的教育就是如此一个充斥着竞争、第一、效益、高效、卓越、最大化、最优化的生态。而我们最大的错误和悲剧就在于教育与工商业之间的简单类比和复制。如果校长们能意识到我们现在的许多路子，就如20世纪前30年的美国教育的历史那样，就不会一门心思利用档案和报告来体现教育效率，反映教育成就，也不可能不忘督促下属建立"良好"档案，并要求对收集的数据进行处理，为应付种种验收、检查、督导而建立"台账"，为"使学校的课程更具有实用性"而费尽心机创设各种花样翻新的这模式那模式了。因为在批判性反思下我们会慢慢认识到，要获得真正的专业能力是没有捷径可走的。

在不断学习和反思中寻找合适的方法与路径

或许有人会问，在强大的行政管理体制下，你让我成为批判性的教育者岂不是要置人于死地。是的，当我们成为批判性的教育者时是会有一定风险的。我当校长时对上面的一些管理举措也是有看法的，但是人在江湖，身不由己，教师不理解不要紧，自己理解就行。自己理解了，做起来就可能坦然一点，智慧一点，更重要的是会对一些无关紧要的事情看得淡然一点。

一个缺乏批评意识和批判精神的人，往往是唯命是从的，唯唯诺诺的，甚至是颐指气使的。作为教育者，需要的是不为事物的表面现象所迷惑，不迷信他人，不崇拜权威，也不迷信自己，不固守自己已有的认知和思考，在行走的道路上不断地阅读、思考、交流，从不同的视角来审视自己的实践和理论，从不同的视角来解读他人的实践和理论，全方位地考察我们面对的现实世界。因为没有"批评"与"批判"，就没有自我更新和进步，也就无所谓"好奇心""创造性"；没有"批评"与"批判"，就容易为形形式式的假象所迷惑，也就看不到教育的价值和希望，更没有改善和建设，就会丧失"协作能力"。所谓批判思维就是一种行为方式：在不断学习和反思中寻找适合当下的方法与路径，并在行走的过程中不断地培养扬弃和更新的"勇气及毅力"。

基础教育就是培根的工作。培根需要的是耐心，要的是实实在在的功夫，教育教学其实就是那么回事，没有什么花头，也不是靠花头能有成效的。我总认为所谓"四精四必""高效课堂"以及这样那样的创建"教学模式"其实就是一个个的造神运动，与其用这些做不到的神话来要求教师，还不如将做得到的事情做到位。比如说专业化的备课，精选例题与练习的工作，个别辅导的工作。而个别辅导，我又认为主要是心理的辅导，当教师的，要用自己的真情去感动你的上帝，当他们被你感动了，他们对你教的学科就会有所改观了。试想，他本来就厌烦你所教的学科，你还要打着为他好的旗号给他增加训练，给他补课，会有效果吗？这样一想，领导或明或暗地要求高中生一个月放一次假，双休日必须在校"自习"，老师必须"看班"，你完全执行，有违自己的教育认知，你完全抵抗，就可能混不下去，怎么办？想办法应付就是。

其实上面那些领导也是蛮好忽悠的，将他们忽悠好了，就可以多干点自己想干的事了。如果不将他们忽悠好，怎么可能将自己认定的教育理念落实到具体的活动中去。一任校长，能做的就是改善，就是要努力在庙宇与人世间搭建一座属于我们自己的凉亭。

课程改革需要激情，更需要理智

我曾针对河北那位"悲情局长"在全县强制推行"三疑三探"教学模式遭遇抵制的新闻写了一篇《教育行政管理需有明确的边界意识》。后来不断有人问我：教育局难道不能领导全县的课堂教学改革吗？这让我想起我一个朋友给我讲的一个故事：

> 有一回，她孩子的老师催促孩子们赶紧进教室，孩子很不高兴地问老师：还没到上课时间，为什么进教室？老师毫不客气地回了一句：听你的，还是听我的？孩子也毫不礼貌地回了一句：不听你的，也不听我的，听铃声的。这孩子的母亲是这样让故事发展下去的：孩子，你说的没错，但态度和方式有问题。这样的故事，恐怕不仅常常在我们身边发生，许多时候我们就是故事的主角。"听你的，还是听我的？"不仅早已成了我们的口头禅，也已经成了我们的一种思维方式了。

要维护尊严，更要维护规则

一般来说，我们更多的是关心故事的后续发展，很少去考虑这样的故事折射出的某种意识。许多情形就如弗洛姆所说的那样："我们不屈服于任何人，我们并不同权威发生冲突，但我们也没有自己的信念，几乎丧失了个性，没有自我意识。"这恐怕也就是时下学校教育的写照了。主管部门，上级领导的权威，我们内心并不买账，但我们也不会像那个孩子一样地发出"听铃声"的铿锵有力的声音，因为我们早已经没有了自己的主见，也早已经见怪不怪了，我们的棱角早被时光给磨平了。我们深谙现如今"规则"是挂在墙上的，只是用来应付检查验收的，或者只是开会时作报告时读一读的。

搞怪的是，许多情况下，当一位学生公开"冒犯"我们这些老师的时候，"师道尊严"则总是忽明忽暗地占主导地位。诚如弗洛姆在《健全的社会》中所言："一个人，无论他的行为多么不合情理，多么不道德，他都会竭尽全力使这种行为理性化，也就是说，向别人，也向他自己证明，他的行为是受理智、常识，或至少受传统道德观念支配的。不按理性行事是件容易的事，但也却几乎不可能不给他的行动装扮上合理动机的外表。"——我是老师，你是学生，自然是听我的。我是校长，你要听我的。我是局长，你要听我的。这就是我们的逻辑，至少也是我们的传统道德。

所谓边界意识，简单点说，就是教育厅干教育厅的事，教育局干教育局的事，学校干学校的事；厅长干厅长的事，局长干局长的事，校长干校长的事，教师干教师的事。谁也别忘了自己的职能与本分。厅长、局长干了校长、教师的事就是越界。比如学校如何布置和处理作业，就不是厅长、局长们干的事，干了，就难免有越界之嫌。

这悖论也是"悲情局长"之所以可以无视《教师法》第七条的有关规定，硬性推行一种教学模式，而当家长抗议、县政府叫停则拍案而起的原因所在。

相较于这位局长，我觉得这位孩子的母亲的处理方式的高明在于她一方面肯定了孩子的规则意识，一方面也维护了老师的尊严。这样的处理方式无疑是智慧的，更是理性的。健全的教育，不仅需要智慧，更需要理性。因为理性才是掌握真理的工具，智慧只是操弄人们的工具。用弗洛姆的观点来说，理性是属于人性的，智慧则是人的动物性属性。管理行为、教育教学行为，更多需要的是理性的支配，而不只是智慧的支配。光有智慧支配的管理与教育，人性就很难得到尊重，更不要想它得以彰显了。"悲情局长"在叫停面前想到了自己应有的尊严，但不清楚他在推行"三疑三探"的时候有没有考虑过尊重师生及家长的尊严。

教育离不开感性，更离不开理性

康纳曼在《快思慢想》中谈到了一种很重要的生活方式——茶馆式闲聊，他认为这样的方式可以增强人们的洞察力，有助于看到并了解他人的判断和选择出现了什么错误，进而了解自己所犯的错误。他说他的这本书里的观点就是他跟他的老师（其实是研究伙伴）在散步闲聊中发现的，这本书告诉我们，人的大脑有快与慢两种运作方式。常用的无意识的"系统1"依赖情感、记忆和经验迅速作出判断，它见闻广博，使我们能够迅速对眼前的情况作出反应。但"系统1"很容易上当，它囿于"眼见即为事实"的原则，难免因为错觉引导我们作出错误的选择。而这时候有意识的"系统2"会通过调动注意力来分析，并作出相应的判断，它比较慢，但不容易出错。不过，人们习惯了走捷径，而直接采纳"系统1"的直觉型判断结果。我的理解就是每个人内心有两个"我"，一个是直觉的"我"，一个是理性的"我"，直觉的"我"凭直觉下判断，比如我们听人说，哪个学校好，哪个老师好，就觉得真是那么回事，但是理性的"我"会问：真的好吗？于是"我"会向亲戚朋友和熟悉的人去了解，甚至会去现场看看，这个就是"系统2"的运作，这个阶段叫慢想，凭直觉就是快思。

我们对一个人、一件事情的判断往往是凭直觉的，直觉是可以为我们的判断提供基础的，但是要有准确的判断，更多的是要经过"系统2"的思考。问题是，在遇到实际问题时，"系统1"往往会占上风，会拒绝"系统2"的提醒。

谈及"课改"，有人就主张"课改就是改课"，于是各种各样的课堂教学改革出现了，形形式式的教学模式也推开了。谁也不会去细究"课改"说的是"基础教育课程改革"而不是"基础教育课堂改革"，"系统1"的直觉告诉我们：不"改课"，怎么叫"课改"呢？改就要"看得到，摸得着"。不是说教育要创新吗？"改课"改出了新的教学模式，影响有了，政绩也看得见，好事儿啊。谁会去细究是"基础教育课程改革"还是"基础教育课堂改革"呢？

可怕的还在于，当我们一旦对诸如此类的"课改"进行质疑和批评的时候，就有人跳出来大喝一声：课改就要改掉不合适的人！或者给你来一顿愚蠢无知、课改阻力之类的棒喝。久而久之，一些学校、一些校长、一些教师便在这样的声音中失语了，甚至于走上了对"课改"专家、名师、名校的顶礼膜拜的道路。这恐怕就是"悲情局长"的演讲为什么会换得同情的原因之一。

你需要说的，就是"我不赞成"

也有人对我的《教育行政管理需有明确的边界意识》明确表示他不赞成，我以为这就对了。一个观点、一项举措出台就不可能是要别人赞成或认同的，你不赞成，说明你的"系统2"跟上了，问题是你为什么不赞成要有理有据，而不是简单说一句你不赞成就完了。

英国学者卡尔·波普尔认为：绝对真理是不存在的，人们所说的真理，在某种情况下也只是他们的猜测，我们能做的只是发现和消除错误，"通过批判其他人的理论或猜测——如果我们能学会这样做的话——通过批判我们自己的理论与猜测（后一点是非常需要的，但并非不可少的；因为如果我们未能批判自己的理论，那也会有别人来替我们这样做。）"。我谈"教育行政管理需有明确的边界意识"是从局长角色与权力出发的，我认为行政的设立，是对常态秩序的维护和保障、对基本伦理和规则的尊重和执行，而不是干预甚至凌霸于学校主体之上。局长要做的是校长的遴选、推荐与任免，学校布局的规划与调整，教育资源的整合与配置，教育政策与法规的实施与监管等，至于中观、微观的办学举措与教学管理那是学校与校长、老师的事，局长将权力之手伸向了本不属于他的职责范围的领域中了，在这一点上"悲情局长"难道不应当自省与反思吗？但从他的辞职演讲来看，他没有反思。这不要紧啊，许多评论文字替他反思了。你认为这些反思不对，也可以替这些评论反思，而不是简单说一句不赞成。

卡尔·波普尔的意思其实就是说，我们每个人所信奉的真理其实只是个人知识基础上的一种猜想而已，谁都不可能真理在握，任何一个观点、一种理论都应该接受他者的批判，但一定要有理有据，而不是感情用事，立场优先。一旦选择了立场，就难免出现"非我族类其心必异"的非理性状态，就可能以"正义之师"的面目出现，标榜自己的人品与善意，臆测他者的人品与恶意。"如果你对我试图用我的尝试性断定加以解决的那个问题感兴趣，那么你可以通过尽可能严格地批判它来帮助我；如果你能设计出某种你认为能反驳我的实验检验，那我将高兴地、竭尽全力地帮助你来反驳它。"

课堂教学，需要处理好感性与理性的关系

在全面推行"三疑三探"的教学模式上，"悲情局长"的"系统2"有没有跟上，我们不得而知，但当遇到改革的阻力时，愤然辞职，显然是缺乏理性的。行政管理与教育改革一样，光有激情是不够的，激情往往是建立在"系统1"上的，要确保管理与改革稳步推进，还要有理性，也就是"系统2"，它可以帮助我们审视自己的冲动，防止走偏。至少我们不会简单地将"课改"等同于"改课"。

既然课改的指向是课程改革，着眼点是课程，而不是课堂。那么把课程改革看成是课堂改革，是一件很滑稽的事情。课程是指学校学生所应学习的学科总和及其进程与安排。它又有广义与狭义之分，广义的课程是指学校为实现培养目标而选择的教育内容及其进程的总和，它包括学校老师所教授的各门学科和有目的、有计划的教育活动。狭义的课程是指某一门学科。课堂则是学生学习的场所，学生在课堂上学习某门学科的某一方面或某一点的学科知识。教师或导师会在上课时，教导至少一个学生，甚至更多的学生。因此，教师在教学中，要根据教学实际，创设必要的情境，给学生提供课内实践的机会，让学生在特定的环境中进行实践体验，使他们在活动中感悟道理，体验情感，规范行为。

就课堂教学而言，也有一个感性与理性的问题。以语文教学为例，无论是阅读还是写作，总是要采用以情感等心理特征为主要参与方式的感性学习手段的。因此，教学高手，总是会在联想、想象、比较方面花心思，联系某种特定的情境，通过课件演示、场景置换、活动组织等手段让学生"身入其中"。这样的课堂，就是所谓的"感性"，有人说这样的"实施途径分为情境化、心境化和语境化三种方式"。在我看来，"感性课堂"往往是以热闹的课堂气氛为外显特征的。

相对于"感性"而言，"理性"在强调外显活动氛围的同时，更多关注的是学生心理活动氛围的建构，其价值取向是帮助人的心智的成熟。理性课堂，一方面是针对教师的，即教师在教学实践中要对课程有全面而理

性的认识，也就是我所说的，它要求教师既要有自己的教育理念，又要能巧妙地将他的理念转化为具体的教育行为——某一个具体的教学活动对学生会带来怎样的影响，会在哪些方面促进学生的发展，教师心中是有明晰的思路与完全的把握的。另一方面又是针对学生的，也就是要让学生明白自己身处其中的课堂，涉及的是哪些知识和能力，对自己的当下与未来有怎样的帮助。换句话说，就是要让学习变得可见：首先是"让学生的学对教师可见，确保教师能够明确辨析出对学生学习产生显著作用的因素，也确保学校中的所有人（学生、教师和领导）都能清晰地知道他们对学校学习的影响"；其次是"使教学对学生可见，从而使学生学会成为自己的老师——这是终身学习或自我调节的核心属性，这也是热爱学习的属性"。

课堂教学模式是个体性的

教材的内容不一样，教学的对象不一样，教师的个性不一样，决定了课堂不可以是一个模式，本就是一个常识问题。可是急功近利的教育，还就给了"模式化"巨大的市场了。急功近利，往往使善良的人看不到常识。那些看起来激情四射的课，如果离开了理性的支配，充其量也就是"热闹一时""开心一刻"，"培养了"学生的情感态度，我相信这种缺乏理性支撑的"情感态度"也是不牢靠的。

康德说："无论如何，应当使上帝为你所知，即使……他显露于你，也得由你……去判断：你是否要相信他和崇敬他。"对待领导专家的言论何尝不是如此。

积极力量 2：

朝专业人士努力——学一点教育理论及其他学科知识

硅谷创业之父保罗·格雷厄姆说："我发现，黑客新想法的最佳来源，并非那些名字里有'计算机'三个字的理论领域，而是来自于其他创作领域。与其到'计算理论'领域寻找创意，你还不如在绘画中寻找创意。"教育教学又何尝不是如此。

阅读，为的是走出洞穴

尽管读书原本是个人的事情，但我们的职业特点提醒我们这还应该是教师的本分所在。我常说：校长不读书，何以要求教师读书？教师不读书，又如何要求学生读书？教育者从某种程度上而言，干的就是引领学生读书的活儿。作为个人的事，我觉得读一点经典可以帮助自己逃出洞穴；你觉得这些东西难读，甚至读了还会中毒。但我还是主张教师要读一点难读的书。因为难读，所以要读。卢梭在《爱弥儿》中说："如果你需要被告知一切，那就别读我的书。"这些年的阅读经历提醒我，作为教师，不要总是读那些轻松的东西，这些东西读多了，感官就会放大，就容易亢奋，就容易被某种情绪裹挟，许多时候还会觉得貌似只有自己所选择的才是真理，自己看到的才是事实，于是思辨变成了攻击，思考变成了想多了，不思考，不思辨，留下的只是立场，立场远胜于学理与逻辑，所谓立场正确，什么都正确是也！从这个角度看，轻松的东西读多了可能会让你变得肤浅。

理性的形成与我们以往所读及人生体验相关

在今天，中国每年的出版物多达30万册，加上微博、微信之类的社交平台的普及，只要打开电脑或者手机，就会有"海量"的信息扑面而来，如何在这么多的出版物与泥沙俱下的信息面前有所选择？我以为最为重要的就是甄别，而甄别的前提是每个人的判断，判断的基础，除了自己的直觉，还有理性，理性的形成恐怕就与我们以往所读及人生体验相关了。

读了几本人文经典，才发现自己过去所读的那些东西，过于狭隘，过于简单，有些还属于"心灵鸡汤"之类。尤其是在今天这个人人都成为"博主"的境况下，面对这些鸡汤的诱惑，喝着喝着就慢慢地把自己的心给蒙住了，就有可能变得辨不清真伪。微信时代的最大的问题是我们一个一个都有可能成为点赞党和搬运工。我跟Z老师是朋友，Z老师今天转了一条微信，我看都没看就立马转出去了。我与L老师也是朋友，L老师又发了个什么，先来点个赞，下面还振振有词：先点赞，等会儿慢慢看。等会儿真会慢慢看吗？

在自媒体时代，读几本经典，你还会发现，微信转什么、赞什么的背后折射的是一种兴趣，一种水准，一种价值取向。读几本经典，多一点思考，加上一些观察，你就会对一些言辞有所批判，有所选择。阅读人文经典的美好，或许就在这里。它可以让你不断地审视和批判自己，当然在审视、批判自己的同时也会审视和批判别人。不要以为批判别人，就是把矛头指向别人，想想看，你不批判自己怎么可能批判别人？比如我觉得某官员、某专家、某老师的某个观点有问题，取决于我对那个问题的认识，我对那个问题的认识是在我的思考的基础上得出的，其中就有我的自我审视与批判。这当中一个重要的原因就在于我读还是没读，读得多还是读得少，读得广还是读得窄，以及自己的人生阅历是否足够。没读，少读，读得窄，阅历不够，就有可能为某官员、某专家、某老师的那些高论所迷惑；读到了，读多了，读广了，加上一定的阅历，就会发现原来某官员、某专家、某老师那些观点充满了欺骗，而且骗了你那么多年。回头一想，也怨不得某官员、某专家、某老师，原来自己是一个"博学的无知者"。关于这一点，可以读读弗雷勒的《十封信：写给胆敢教书的人》，他说，当代教育面临的陷阱之一是我们这些"博学的无知者"统治着讲台，而实际上我们并不博学，因为我们忽略了所有未进入专业领域的事物；但我们也不无知，因为在那个宇宙中极微小的属于我们自己的部分里，是"知道"的。

读了，可能会讶异，但不读，有可能永远无法逃离洞穴

为什么要读一点西方人文经典？因为现代科技文明大多起源于西方。阿诺德说，"与希腊罗马文明相比，整个现代文明在很大程度上是机器文明，是外部文明，而且这种趋势还在愈演愈烈"。弗洛姆则在《健全的社会》中

所说："19 世纪的剥削和囤积被 20 世纪的接受和市场倾向所取代。一种不断增长的'协作'趋势取代了竞争性，一种获得稳定和可靠的收入的愿望取代了追求无止境的利润；一种共享并扩大财富，控制他人和自身的倾向取代了一味地剥削。"从社会制度上看，资本主义作为一种社会制度，是生产力发展的必然过程。所以，斯塔夫里阿诺斯在《全球通史》中说："今天，欧洲三个大革命（科学革命、工业革命和政治革命）向全球的传播虽然是在不同方面的支持下进行的，但似乎仍在以加速度创造一种尽管在细节上不同，但在基本特征方面将是一致的世界文化。"问题是"资本主义"在当下的语境中往往是个贬义词，不少人拒绝阅读西方人文经典的原因恐怕也在这里。

关于这一点，其实柏拉图在《理想国》中早已经用洞穴寓言作了描绘：在一个地下洞穴中有一群囚徒，他们身后有一堆火把，在囚徒与火把之间是被操纵的木偶。因为囚徒们的身体被捆绑着（不能转身），所以他们只能看见木偶被火光投射在前面墙上的影子。因此，洞穴中的囚徒们确信这些影子就是一切，此外什么也没有。当把囚徒们解放出来，并让他们看清背后的火把和木偶，他们中大多数反而不知所措而宁愿继续处于原来的状态，有些甚至会将自己的迷惑迁怒于那些向他们揭露真相的人。但那些走出洞穴的人虽然开始的时候头晕眼花，不敢直接正眼看光明的世界，但渐渐地，他们可以直接看、仔细看，慢慢看清阳光下的世界，最后，他们甚至可以直接看清阳光的源头——太阳。

我认为，读了，可能会讶异，但不读，有可能永远无法逃离洞穴。我没有读这些书的时候，总觉得那些大咖们，那些教育家们，那些伟人们，真的是很了不起，能够跟他们成为朋友，甚至于能够跟他们握个手、合个影是一件多么荣耀的事情。君不见许多教育名人，就希望在校门口，或者在办公室里，挂一张硕大的照片：跟某领导人的合影、跟某名人的合影。也有不少名师总喜欢在微信、微博上晒晒这些照片以显示自己的身价。有时候，你也会对此有些羡慕或者期待。但当你读读那些经典的时候，就会慢慢发现，很多教育名人往往是欺世盗名的，你更会发现自己原来那么欠学，那么交友不淑。

从某种境况而言，书就应该是读不懂的

教师读西方人文教育经典，恐怕首选的是西方教育三大经典：《理想国》《爱弥儿》《民主主义与教育》。不管读得进去还是读不进去，有机会教师最好翻翻。其实，从某种境况而言，书就应该是读不懂的，尤其是苏格拉底他们这些先哲奉行的就是一种隐微写作的方式，都读得懂了，还读什么？读得懂的书，从某种境况来说，就是没有价值的。其实对我们这些不懂外语的人来讲，这些译著已经是二手货了。想想看，那些一读就懂的书是几手货？

许多文字原本就不是那么容易"读得懂"的，隐微写作就是"拒绝给出答案，用暗示和谜语说话""迫使读者亲自思考"的，加之因为每个人的言辞背后总有他特定的经历、思考与认知，这些经历、思考与认知往往是阅读者所未曾有的。不同的读者对同一本书，甚至是同一段话的理解方式是不一样的，除了因为人类理解事物的方式本来就不一样，还与读者的个人禀赋有关。阅读的价值除了消遣，更重要的是求知。总是不读难懂的文字，就无法获得知识的更新，也会阻碍自己的认知，使自己的思想停留在原有的框框中无法逃脱。所以慢慢啃点经典很有必要。

我起初读这些经典的时候，曾经写过一篇文字《有些书读着读着是要中"毒"的》，西方价值观嘛！但细细思量下来，也是有好处的，好处在哪里？可以"解毒"啊。夸张点说，读这些书，一是可以"忽悠"别人，比如同学生们"忽悠"，同老师们"忽悠"，同朋友们"忽悠"，更重要的是自己不再那么容易被人忽悠了。二是读着读着，你就会发现原来所谓的专家们所讲的那些至理名言，人家几十年前甚至几百年前、上千年前就说过了，只不过我们欠学无知而已。因为我们的欠学无知，那些专家才可以由专家而成为大神，才有可能发现一个又一个的教育铁律，成为一个又一个的盟主或者创始人。这帮人的厉害所在就是，他从不告诉你这些"金科玉律"的源头。只有当你读到这些文字的时候，才可能恍然大悟，原来如此。于是读着读着，所谓朋友就会越来越少。

阅读，会使人孤独，而孤独，有助于反思

有一个网友把联合国教科文组织提出的"四个学会"的英文原文截出来，同时发表感慨：不知道他们怎么把"learning to be"翻译成"学会生存"的。我问他，那应该翻译成什么。我不懂外文的。他告诉我，应该是"学会成为自己"。突然明白，原来我们是不能够成为自己的，一旦成为自己了，是很痛苦的：一是领导不喜欢；二是慢慢成为自己了，就有可能棱角越长越长，越长越尖，那就会得罪人。这样的文字读着读着你就会发现，先前我们心目中的大咖，所谓的专家学者，其实是三道贩子，甚至是四道贩子，就会发现他们身上的人格悖论，这样的发现往往让你很痛心很痛苦。这就是不能读这些经典的原因。

我们这一代人的悲哀之一就是没有机会好好学几句外语，"我是中国人，何必学外文"嘛！于是我们接受的许多知识充其量也只是二手货，更多的是那些三手货、四手货，慢慢地，我们也就成了二手人、三手人。从这个角度看，想要慢慢地从二手、三手的状况中回归，想要避免被忽悠，还是要尽可能地读一点西方人文经典的译著，不过要慎重选择译者。

现实世界中，我们许多时候就是生活在洞穴中的那群人。在洞穴中我们始终看到的是自己的影子，一旦走出洞穴，就不适应，我们长期被那些所谓的专家忽悠惯了，突然听了一个不同的声音，就不适应，甚至会愤怒。人本来就是感性的动物，又是复杂的动物、善变的动物，一个人想始终保持理性往往是不可能的，很困难的。所以那些编写心灵鸡汤的作者，就很有市场。微信公众号发一篇文字几千上万人打赏，一天可以收获人民币十几万。有需要就有市场啊。有名师声称自己已经成了一个公共符号了，也有名师成了当代孔子、中国的苏霍姆林斯基、中国的杜威。有一个前厅长是很有理想、很有教育情怀的，现在讲什么教育，已经不过瘾了，要谈什么主义了。这就如埃里克·霍弗所言："几乎所有的文人都有一种共同的、内在的渴求，这种渴求决定着他们对现行秩序的看法。那便是对获得认可的渴求，对超越芸芸众生的显赫地位的渴求。"

当你读过，并将所读、所思说了出来，你能不孤独吗？

英国诗人奥登说："大众则是一群虚无之徒，他们只是表面上的联合，他们只是对一些事物感到担心、害怕，这种害怕心理的实质是他们一想到

自己要作为理性的人对自我的发展负责任就感到恐惧。因此无论哪里有大众，哪里就会出现在理论上渴望艺术，而实际却满怀对艺术蔑视的这个矛盾心理。……艺术能提供指导首先的条件是必须有一颗渴求的心；艺术从不会平白无故给你一双观看之眼，进而像有些人假想的那样帮助其塑造坚强意志，公众就是不可理喻地索要这两样，并且希望用金钱和掌声买到手里。"一个具有独立精神的教师，许多时候，还真不必迁就大众。

读书是与世上最有智慧的人对话的过程

不可否认这些年各地各校的书香校园建设，多少还是有些成效的，至少是我们已经意识到，学校本就应该是一个读书的地方，读书的地方不读书，其他地方还有人读书吗？但当我们静下来认真审视时下的读书推动活动，也不难发现，一种情况是因为学校宣传的需要，我们在组织师生读书了，也就是为了那个"书香校园"搞的名头；还有一种情况是因为学校领导意识到师生的成长，光靠教教材、读教材是远远不够的，需要通过更为广泛的阅读来实现，于是想到通过行政的力量来推动学校老师和学生的阅读；第三种情况是两者兼而有之。

教育者不能只学习教育理论

教育学者刘庆昌教授有个观点，哲学家不读教育学，不影响他成为伟大的哲学家，经济学家不读教育学，同样不影响他成为伟大的经济学家……教育家则不然，教育家不可以不读哲学，不读经济学，不读人类学、社会学，不读心理学、脑神经科学，以及其他所有学科领域的东西。我认为，我们虽不一定可以成为教育家，但一个教师如果就学科谈学科，就教育谈教育是走不远的。理想的教师应该是杂家。教育学，原本就是一门综合性学科，需要用哲学、政治学、经济学、社会学、生理学、心理学、病理学、卫生学等方面的知识，对教育进行综合性的研究。今天还有互联网、大数据等影响着教育教学的变革与进程，如果我们没有广阔的学习视域，恐怕难以担当教育的重任。

如果能翻翻康德的《纯粹理性批判》、乔尔·斯普林格的《脑中之轮——教育哲学导论》、康纳曼的《快思慢想》、凯文·梅尼的《权衡》、布鲁斯·N·沃勒的《优雅的辩论》……你会觉察所谓理性有时候也是不靠谱的，但没有理性又是绝对不行的。一个教师，想要教人，先要教己。许多问题想不通的时候还是要多看看前人和哲人的言辞再说。比如读读《乌合之众》《活出生命的意义》《情感堵塞：民主德国的心理转型》《恶俗》《行动、伦理与公共空间》《伦理学的邀请》《逃避自由》《再见，平庸世代》《邪恶》《大脑的秘密档案》《大脑也有这么多烦恼》《PHI：从脑到灵魂的旅行》《其实大脑不懂你的心》《情商》《不为他人抓狂》等，不仅可以帮助自己更好地认识生命，理解生命的价值和意义，也可能会帮助我们正确认识日常生活中习以为常甚至不可理解的一些人和事，自然对我们理解教育也是有帮助的。

今天，不少的教育同仁越来越沉迷、越来越喜欢用国外同行向中国教育取经的案例来证明我们基础教育的业绩，而无视这样的现实："今天，近20亿部手机在全球范围内被普遍使用，在世界各地的学校家庭、社区活动中心以及网吧里访问互联网的人数正在快速增长，这也为我们提供了更多学习和培养技能的机会。"与这方面有关的书有《人人时代》《大连接》《机器人时代》《玻璃笼子》《大数据主义》《网络至死》《游戏改变世界》《游戏化思维》《未知》与《引爆点》等，我以为是可以，也是必须翻翻的。

为什么要借助适当的行政推动

前面说过，读书原本是个人的事情，但也是教育人的本分所在，是教育生活的一部分，或者说它本身就是一种教育生活。它不只是在读书会里读的，也不是靠立法或者其他行政力量来推动的。为什么会出现寄希望于通过立法和行政推动来实现全民阅读的状况？我觉得随着互联网的出现，博客、微博、微信，一方面大量增加了人们的阅读量；另一方面又导致了人们的浅表阅读和碎片化阅读，这样的状况又使得原本就比较浮躁的人生变得更为浮躁，很少有人能够静下心来完完整整、认认真真地阅读一篇文章、一本书了。在学校，还因为应试教育的愈演愈烈，行政领导、学生家长，更要命的是我们自己的眼睛也只是盯在分数上，除了教材，我们几乎再也不会去读其他书籍了，更有甚者，许多时候连教材也不会好好地去读，读得最多的就是教参、教案、练习册之类的教辅资料了。

平心而论，我们这些教师对所教的学科的教材认真读了吗？不说整个学段的教材我们没有系统地读，就是本学年所教的教材我们都没有通读，更可怕的是连今天正在教的教材都没认真读的也大有人在。在这种情况下，学校通过行政的力量来推动读书，或者通过组建读书会来读书，就是不得已而为之的举措了。这样的举措又带来了什么问题？带来了阅读的被动性和单一性，因为我们的阅读总是被拉着，被赶着，我们所读的更多的是技能的、工具的东西，比如关于教学法的，关于提升教学效益的。我们的读书推动活动的尴尬也就慢慢出现了。

也正因为这样的尴尬，我们才意识到读书推动活动的价值和意义所在：从没人读到有人读，从不读到读起来，从单一选择到多元选择，从共读一本到各读各的。我觉得，学校阅读推动活动想要慢慢地进入这样的状态，首先是校长要带头读，校长不读，怎么可以要求教师去读，教师不读又如何要求学生来读？

阅读经典的过程就是同世界上最智慧的人对话的过程

作为教育者，阅读的出发点和动机就是为了更好地理解教育，从管理者的角度来讲，它可以帮助自己更好地理解学校管理。但如从具体的个人来讲，阅读在于拓展生活的视野，丰富思考的内容，提升生命的内涵。什么样的书，才可能帮助我们拓展视野，丰富思考，提升涵养？唯有经典。没有经典的阅读，我们就无法回到教育的元点，所谓元点，就是元初之点。

阅读经典的过程就是同世界上最智慧的人对话的过程，也是帮助我们理解教育元点的有效途径。为什么说阅读经典是在同世界上最智慧的人对话？因为经典是经过几代人的筛选流传下来的，而不是时下聪明人所推出的排行榜之类的，或者所谓必读之类的。无论是世界的，还是中国的，千百年来人们的著述浩如烟海，但是大家耳熟能详的也就那么多。这意味着什么？在流传的过程当中，有选择性遗忘。但是既然有选择性遗忘，也就有选择性留存。为什么大家都选择了这些留存，这说明它是大家认可的，这就是经典。但是我们更多地喜欢根据图书排行榜和推荐书目来选书读书，很少有人能静下心来读几本经典。当然这不能怪我们具体的个人，因为整个社会就是如此，社会浮躁的风气，必然会影响到具体的个体，使我们在许多问题上茫然无措，总希望在别人那里找到一根救命稻草。

中国的经典不外乎孔子、孟子、老子、庄子的以及《学记》之类的，但这些经典的问题在哪里？问题在大多是语录式的、格言式的、寓言化的，很少有严密的推论和验证，也就是说缺乏逻辑思维，每一句话拿出来都很有味道，都很在理，但其背后缺乏系统的理论支撑和具体的实证。比如说孔子所向往的"暮春者，春服既成，冠者五六人，童子六七人，浴乎沂，风乎舞雩，咏而归"，很美，但为什么在这样的情景下才是有趣的，没讲清楚，你就感受和体悟吧。但感受和体悟不是教育的唯一形式，所以我们还要读读苏格拉底、柏拉图、卢梭、杜威，读读康德、黑格尔。当然这些经典要看出版社和翻译者，许多译本在翻译上是有问题的，有外文基础的最好是读原版。

如前所说，当我们读了这些经典就会发现，我们当下的教改精英们、专家们以及那些课改名校的校长们所说的、所做的，人家几百年前就说了，就做了，而且说得比他们到位，看得比他们全面，做得更比他们扎实。我们还可以发现许多人家在上百年前、几十年前就已经反思和唾弃的东西，在今天我们居然奉若神明。比如人家是十年前就在批判教育的效率崇拜了，而我们至今还热衷于追求教育的效率。

读书会的操作，要有一定的任务驱动

毋庸讳言，经典是要啃的。选择一本你感兴趣的，慢慢啃。根据我的经验，一定要做到不动笔墨不读书，一边读，一边画，一边想，一边做批注。想什么？一是要跟我们的教育教学的实际联系起来想，这是最直接的，也是最容易对接的。另一个通道是什么？现在资讯如此发达，所见所闻看上去不是教育问题，但是仔细想来，就会发现，多多少少还是跟教育有着这样那样的牵扯的。我们不能讲现在发生的所有问题都是教育的问题，但是我们可以这样去思考，这些问题是不是与教育有关联，教育在解决这些问题上有哪些可为之处。当我们有意识地展开这些思考的时候，经典所阐释的理论，就会变得可以理解了。

在当下的情形下，读书会的操作，我个人认为要有一定的任务驱动。可以在一定的时间段大家共读一本书，并且要将阅读同具体的教育教学工作结合起来，具体的路径是，以读促思，以思促改，以改促写，边写边读。读的时候没有自己的思考，没有筛选，没有判断，没有问题，你就变成了一根吸管，就只有吸收，搞不好还要漏掉。读了想了，不付诸行动，最多可能成为理论的巨人，只有付诸行动了，理论才可能成为自己的认知和经验，有了自己的经验，记录下来，不仅可以与人分享，还可以帮助自己对问题进行再思考，再认识，写的过程会促使我们回过头来再读，甚至驱使我们去读更多的书籍。

读书会要重视发挥"鲶鱼效应"

读书会要有活力，一定要重视发挥"鲶鱼效应"。这鲶鱼，可以是外聘的专家，也可以是读书会的成员，当然作为读书会的组织者更应该义不容辞。鲶鱼，不仅要先读一步，还要不断地搅动，要将同伴的情绪激发出来。要不断地舍弃我们已有的认知，只有死去才可能活来，只有每时每刻都让自己原有的思想死去，我们才可能有活路，才可能有所改变和创造。

我的体会是，只要有意识地将自己的所见所闻、所思所想与那些智慧的言辞联系起来，看起来深奥的经典，也就不那么深奥了。慢慢地，我们也就有可能变得智慧起来。如果用心啃了一本经典，那么有可能所有的教育经典对你来说都已经不是问题了，因为教育的元点在那些智慧之人的认识里是相同的，只不过表述不同而已，或者说是立场不同，角度不一。一本读透了，其他相关的观点和相左的观点思考一下，自然会有你的判断和选择。

我经常跟我的同仁讲，一个教师如果想有点成就，成为一个名副其实的教书匠，有句话说"功夫在诗外"，说的是为写诗而写诗是写不出好诗的，同理，就学科教学研究学科教学，也是研究不出什么头三脑四的，要跳出学科看学科，跳出教育看教育。杜威说，"教育即生活"，从这个角度来思考，是不是也可以理解为教育不能囿于教育呢？

尽可能不做庸众

庸众是怎么产生的？狂热是怎么出现的？当我们阅读了《乌合之众》《中国文化的深层结构》，我们就会明白，当一个教育典型、一种教育模式出来以后，甚至一个教育官员的一声号令下来，我们为什么会跟风，为什么会失去主见。这是因为具体的文化基因在作祟。"乌龟哲学"不让我们当出头鸟，庸众心理使我们盲从。庸众总是崇拜英雄和领袖的，一旦有个领袖和英雄出头了，我们便会一哄而上。但是想让自己出头一般情况下是很困难的。读了这类书籍，当我们面对人流和风潮的时候，就有可能会调动我们的"系统2"进行冷静的思考和判断，同时我们也可以以我们的判断引导我们的学生少头脑发热。

我不读《第3选择》，不读《大连接》《人人时代》，就无法理解包容不只是对一方的要求，包容不是妥协。过去我总认为妥协是为了更好的进步，读了这些，我才明白妥协并不是最佳的选择，最佳的选择是在双方的不同认知的情况下产生新的认知，或者说在完全对立的两种观点当中，形成新的观点，所谓的创新就是这么产生的。我们动不动要求别人包容，那我们包容了吗？

《大连接》《人人时代》谈的是社会网络连接，我从社会网络连接和影响的"六度关系""三度影响力"的理论来思考时下人们热衷的"小组学习""合作探究"，慢慢地想明白了这当中存在的问题和解决的路径，没读这些书籍的时候，只能凭直觉来看待这当中的问题，但就弄不明白出现这些问题的原因。如果只读教育类的东西，就不可能从另一个视角，在不同的层面去思考我们的教育面临的困惑。

我一直强调阅读是个人的事情，每个人的遗传基因不一样，每个人的兴趣点也就不一样，再加上我们每个人所教的学科不一样，我们人生的阅历不一样，就决定了我们阅读的取向不一样。所以我主张读书会在共读一本书的同时，每个成员要建立属于自己的书柜，形成自己的书单，不要总是依赖别人给你推荐书目。适合别人阅读的，未必适合你，现在不适合的，未必未来不适合。有些书必须精读和反复读，有些书浏览一下放在那里，什么时候遇到与之相关的问题了，找出来比对一下。天下的书很多，我们不可能也没有精力把所有的书都读完。所以我一再强调一定要读经典。当然首先是教育经典，其次是教育哲学经典，再往上就是社会学、人类学、哲学和宗教类的书籍了。

可以从贴近当下实际和我们需要的书籍读起

不过，新建读书会一下子要让大家读经典是有一定的困难的，我们可以先从这些年影响比较大，又贴近当下实际和我们需要的书籍读起。

如美国古得莱得的《一个称作学校的地方》，作者抽取美国不同地区的小学、初中和高中作为样本，进行实地参观和问卷调查，有近27000人参与了这项研究。这是一本非常客观和严肃地研究美国20世纪70年代末80年代初的教育问题的书，书中观察到的事实和统计出来的数据，在今天也是很有意义的，书中所关注的大多数的问题到今天也没有得到认真的解决。

如美国教育咨询专家、哈佛大学教育学博士柯尔斯滕·奥尔森的《学校会伤人》。这本书的第一部分呈现了大量对曾经在学校遭遇伤害的个体的访谈，将受访者遭遇的伤害作了一个归类；第二部分同样是用对曾经在学校被伤害的个体的访谈，介绍了对被伤害者的疗救，包括他们的自救，他们在离开遭遇伤害的学校以后的人生道路上，他们的老师、同伴是怎么给他们治疗而使之获得新生的，以及许多曾经的被伤害者又是怎样成了某个领域的领军人才的。

如美国瑞克·玻斯纳的《收获幸福的教育——一所从不考试的公立学校》，通过一系列真实的故事，介绍了美国科罗拉多州杰弗森郡开明学校这所与众不同的公立学校。在这所学校里，没有考试，没有学分，提倡自主学习，学生被鼓励去做、去追求他们喜爱且热衷的事情，而不仅仅是为了应付规范化标准考试而作准备。作者在中西方文化的比较中，对教育传统，既没有妄自尊大，也没有妄自菲薄。他认为，"根据自己的心性去发展，如此，才是自我价值的实现之道"。

类似的书还有《可见的学习》《备课指南》《教学模式》等。还有《教育与脑神经科学》等通俗读物。这些读物的共同特点是用事实和数据说话，十分贴近我们的学校生活。

慢慢地，我们就可以读一点教育哲学了，开始可以读一读《教育的哲学基础》《爱弥儿》《我们如何思维》《民主主义与教育》，往后可以再读读

《40堂哲学公开课》，进而去读读笛卡尔、康德、黑格尔等谈教育、谈哲学的作品。再之后我们就可以读一点关于宗教的东西了。

最好还要读一点心理学、逻辑学方面的经典之作。与此同时还要有一定数量的文学的和艺术的阅读。关于这一点，龙应台说："如果说，文学有一百种所谓'功能'而我必须选择一种最重要的，我的答案是：德文有一个很精确的说法，macht sichtbar，意思是'使看不见的东西被看见'。在我自己的体认中，这就是文学跟艺术的最重要、最实质、最核心的一个作用。""文学与艺术使我们看见现实背面更贴近生存本质的一种现实，在这种现实里，除了理性的深刻以外，还有直觉地对'美'的顿悟。美，也是更贴近生存本质的一种现实。"

比如我们读梭罗的《瓦尔登湖》，就会对当下奢靡放纵的人类生活有所反思，在这本书里，梭罗用他的生活告诉我们，人们所追求的大部分奢侈品，大部分的所谓生活的舒适，非但没有必要，而且对人类进步大有妨碍。我们在对大自然产生敬畏感的同时，也会反思人类对自然的过度开发给自身带来的危机，进而反思我们的教育与文化。

我们阅读唐诗宋词，体味的绝不仅仅是其音韵之美，更会从中领略登高望远、临山探幽的无限风景，体会作者的雄才大略、悲欢离合、生活坎坷等。这些看上去似乎与教育无关，但是细想起来哪一点又不关乎教育？

总之，教师的阅读，如果仅仅囿于教育类，尤其是囿于"技"与"术"的书，我们就永远只可能处于被奴役被驱使的地位，永远也不可能放开手脚去思考教育的应然与本然。如果读书会将阅读的视野仅仅束缚于一个狭隘的小圈子里，无疑会使我们这帮人变成另一类庸众。

硅谷创业之父保罗·格雷厄姆说："我发现，黑客新想法的最佳来源，并非那些名字里有'计算机'三个字的理论领域，而是来自于其他创作领域。与其到'计算理论'领域寻找创意，你还不如在绘画中寻找创意。"教育教学又何尝不是如此。

教学行为折射的是一定的教育认知

今天的教育者普遍存在这样的共性：读书只选择操作性的，听讲座一样只欢迎操作性的。但是，哪些操作性的言论和方法是符合教育常识、尊重教育价值的似乎很少会有人去考虑。作为教育者，我们的操作，或者说技术的出发点，或者说立足点究竟应该在哪里，如果不搞清楚的话，恐怕就只有被忽悠的份儿。

为什么我们耐不下性子来读一点教育理论，尤其是教育哲学？这恐怕与我们的山寨思维有关：见到人家有什么好的东西，拿过来克隆一下，立竿见影，多爽！这恐怕也是大谈操作与技术的教育书籍，比如《跟×××学做老师》《跟×××学做班主任》《×××兵法》得以畅销的一个原因。

教育关系是人与人的关系

话说回来，不读教育理论也许没有那么可怕，懂一点教育常识也行。比如教育与其他行业的差异在哪里，教育关系的特质是什么。因为教育，我们跟学生临时组合起来形成了一种特定的关系，这种关系不是与生俱来的，最多也就是几年，小学六年，如果是九年制学校，也就是九年。如果是初中，你如果只教初一初二，就只有两年，如果你是高三把关教师，你与他们的关系就只有一年。这个六年、九年、两年、一年过去了，从某种程度上讲，我们跟学生的这种特定的关系也就不存在了。

这种特定的临时关系，需要我们这些教育者以一种精神状态去影响我们的学生，或者说要用我们的生命影响他们的生命，同时，我们学生的生命状态也在影响着我们的生命状态。

在藏传佛教中有一种最独特也最精致的宗教艺术——坛城沙画,在藏语中叫作 dul-tson-kyil-khor,意思是"彩粉之曼陀罗"。每逢大型法事活动,寺院中的喇嘛们用数百万计的沙粒描绘出奇异的佛国世界,这个过程可能持续数日乃至数月。但是,喇嘛们呕心沥血、极尽辛苦之能事创作出的美丽立体画卷,并没有用来向世人炫耀它的华美。用沙子描绘的世界,会被毫不犹豫地扫掉,在顷刻间化为乌有……细沙将被装入瓶中,倾倒入河流中。

坛城沙画给教育的启示就在于,教育,重要的是过程,在这个过程当中师生一起享受其中的乐趣,而不是追求最终结果,所谓结果往往是暂时的,留不住的。长江后浪推前浪,前浪死在沙滩上。一届一届的孩子不一样,一届一届的教育的效率和结果也不一样。

曾看到一个师生互殴的视频,这个视频中师生为什么会互殴?开始的时候可能是因为老师愤怒打了那个孩子,但孩子奋起反抗,拿起凳子砸向老师,这样的情况下老师的情绪愈加愤怒,下手就更狠了,两者之间的关系就这样相互影响着。回过头来讲,如果学生不反抗,你说那个老师的暴力会愈演愈烈吗?他也是在特定的情景下的一种发泄,你没有反抗,他发泄一下或许就过去了。当然,无论什么情况下,老师对学生拳脚相加都是不对的,除非为了自卫。这牵扯到另一个问题。

问题是现在的孩子,在家里不是皇帝就是公主,从来没有受过这样的委屈,何况还是当众的,不反抗才怪。我们这些教育人,缺失的往往就是这些常识。我们如果没有意识到教学关系是一种人与人的关系,一种我和你的平等关系,师生在人格上是处在同一个地位的,我们就很难淡定地对待学生的冒犯。同时我们也就不可能冷静地看待在我们看来不可思议的学生的行为举止。从教学的角度来看,我个人认为,教学活动本质上是一种文化传递的活动,我们这个民族、我们这个地区、我们这个学校或者说我们上一辈人的文化,乃至于我们的行为当中所表现出来的文化,通过我们的教学传递给了我们的下一代,再下一代。

教育离不开孩子特定的家庭背景与生活环境

江苏的孩子与非江苏的孩子表现出来的行为方式是不一样的。为什么？因为从他们出生到他们慢慢长大，他们生活在特定的土壤里，他们的环境和他们的祖父辈身上的那种气质、行为方式和生活习惯，不知不觉地影响了他们的气质和他们的行为习惯，进而形成了他们身上所特有的行为习惯。具体一点说，这种影响会表现在他们的言谈举止乃至服饰上。我们跑到外地，在茫茫人海当中可能忽然眼前一亮，这当中有几位是我们的老乡，尽管我们不相识。为什么？因为他们的精神相貌上呈现的是我们这个地区的文化。

课堂教学中，作为老师，我们要成功地把教材上的内容传递给我们的学生，达到有效教学的目标，这当中就需要借助一系列的操作方法、程序和实施的途径。我们必须考虑如何操作，一步一步怎么往下走，如何使教材上的内容变成学生身上所具备的或者所应有的知识的储备，这离不开学生特定的家庭背景与生活环境。教材上许多内容，是需要联系学生特定的生活作必要的改动的。

教师的角色是多样性的

要谈教育技能，首先恐怕要弄明白教师的角色，用民国教育家刘百川先生的观点来说，一个教师的角色大致有以下几种。

一个教师，首先应该是个医生，医治学生心灵的心理医生，同时又是学生心灵的导师，在他需要帮助的时候，给予及时的帮扶，在他遇到伤害的时候去抚慰他的心灵，去呵护他的生长。其次又是一个家庭教师，家庭教师跟教师的区别在于，家庭教师主要不是教知识，教的是行为习惯，主要的任务是开发孩子的心智、理想、兴趣爱好，培养他们某个方面的特长，同时还要料理孩子的生活，等等。另外还应该是一个护理工，护理工跟医生的区别在于，当孩子"生病"了，"住院"了，他们无法料理自己的生活时，我们就是孩子的拐杖，这拐杖不仅仅是学习方面的，同时也是生存方面的，有的时候还要直接料理他们的生活起居。从这个视角来思考，做教师的不仅应该具备相应的专业知识，同时还应该具备丰富的人生体验（直接的、间接的）和良好的个体素养。

同时教师又是一个领导者，因为教育教学面对的是几十或者上百个学生，这些学生的学习和生活需要在我们的指导下顺利地进行，如果是寄宿制学校，还得考虑学生住校生活可能会遇到的方方面面的困难，及时予以帮助或指导。

教师还应该是一个忠实的听众。课堂教学当中最大的问题是把学生当作听众，而我们很少有意识地主动去倾听孩子的心声。一个班上四五十个学生，如果我们狭义地理解倾听的话，那倾听只可能是几个有机会站起来发言的孩子，其实，倾听还包括学生的眼神、表情和细微的动作反应。教学究竟有没有引起学生的兴趣和关注，许多时候眼睛一扫就知道了。我始终认为互动最高的境界是心灵的互动。所谓心有灵犀一点通，在某种意义上讲的就是我们的"教"有没有触动学生的"学"。学生课堂上的一举一动，其实就是在给我们反馈信息，老师你讲的我懂了，老师你讲的我不明白。

当然更重要的角色，是问题的解决者。我们之所以成为老师，是因为我们具备专业知识和专业技能。国家对教师不仅有学历的要求，还有与教师身份相应的资格要求。有入门考试，有上岗培训，进来以后还有一年的试用期。这些告诉我们，教师是一个专业工作者。因为学生学习生活中遇到的许许多多的实际问题，是要我们去具体解决的，许多时候别人是帮不了我们的。

当然，还有一个维护秩序的问题。为什么有些教师教学效果不理想？很大程度上是因为这些教师课堂秩序维护能力太差。尤其是在"小组合作""研究性学习"当中，我们根本没有思考如何组织、如何引导，实施的时候往往是撒手不管、放任自由，所谓合作，所谓研究，其实就是一种形式而已。

如果从社会学的角度来看教师的角色，就会发现，这角色不仅是特定的，更是多元的，如果我们总是以一种特定的身份出现在具体的教育场景中，缺失根据具体情况转换角色的意识的话，效果自然是可想而知的。

或许，在特定的场景下，我们还有其他特定的角色。教师之难，也在各种角色的自然转换上。

教师生涯是教师生命成长的历程

我以为，一个教师的职业生命，大概需要经历这么三个过程：

首先是学徒工，遗憾的是现在愿意做学徒工的已经很少了。过去，学个木匠，学个瓦匠，学个理发匠什么的，是要耐下性子学三年的，这三年的学徒工，不仅寂寞，还要顶得住压力，要眼明手快。尽管如此，如果遇上一个心胸狭窄、保守自私的师父，说不定三年以后还要给他做几年白工。即便如此，师父的"绝活"，我们也不一定能学到，"绝技"往往是偷来的，故而有"偷艺"一说。今天，我们有多少人能耐下心来当学徒工？另一个方面，我们的教育体制也不会给教师时间当学徒工。一个萝卜一个坑，进来了，恨不得立马拿他们当一个熟练工来使唤。

换一个角度来讲，新教师，年轻教师，不要指望别人把什么都教给你，许多东西需要靠自己去"偷"、去钻研，要观察、思考、分析，在观察、思考、分析的过程中熟悉和掌握基本的方法与技能。就课堂教学而言，没有"循规蹈矩"的规范化训练就出师了，难免误人子弟。所以，做教师，要对自己从事的工作有一点敬畏之心，没有敬畏之心，是不可能成为技艺精湛的教书匠的。

我对"教书匠"这个称谓在若十年前是持批判态度的，但几十年的教师生涯告诉我，要成为一个名副其实的教书匠，还真不是一件简单的事。这些年，我走了那么多学校，听了那么多课，忽然明白要找几个教书匠还真不容易。匠人，或者说手艺人，那是要有自己的绝活的，至少干同样的活儿，会比别人干得好。一个教书匠，至少在自己所教的学科课程上是有话语权的，是要有自己区别于同行的"绝活"的。一个具备教书匠精神的教师，是会对自己所教的学科精益求精的，他会致力于将自己所教的学科课程在科学与艺术之间找到一个切合点的，是会有自己独特的教学风格和教育追求的，并且会在自己独特的风格和追求的道路上不断突破的，是会用一种孜孜以求的毅力向更高层次努力的。

遗憾的是，在今天匠人精神早已经没有了，专家、大师、教育家倒是层出不穷。

最高的境界是"经师"与"人师"。所谓"经师"，不仅对自己所教学科课程了如指掌，同时还有与之相关的丰富的其他学科的知识，他不仅是所教学科的领军人物，同时还会朝"杂家""通才"的方向努力。所谓"人师"，要求我们不仅能教学，还能教给学生如何学，这个过程中还能影响学生的人格、张扬学生的生命。不过，未成"经师"何以成"人师"？

　　杜威说"教育即生长"，孔子也说"教学相长"，教的过程不仅是学生的生长也是教师的生长。从学徒到匠人，到"经师"与"人师"的过程，其实就是一个教师专业生长的历程，更是其生命成长的历程。我们就是在这样的生命体验中，慢慢地理解教育教学，慢慢地明白其中的常识与规律的。

努力成为专业人士

既然教师作为专业人士，就应该具备自己的专业资本，但是事实上我们对"专业资本"知之甚少，甚至于一无所知。面对"像专业人士一样教学"的主张恐怕一下子难以接受，难道我们不是专业人士，难道我们就不像专业人士？读一读安迪·哈格里夫斯与迈克·富兰合著的《专业资本：变革每所学校的教学》，或许我们会心平气和一点审视自己以往的教育教学行为，努力使自己能"像专业人士一样教学"，去变革每一所学校的教学。

所谓专业资本就是人力资本、社会资本、决策资本的总和

人力资本说的是人的个人禀赋——是拥有并发展必要的知识技能。就教师而言，就是熟悉所教学科，并知道如何去教，同时还清楚所教的学生是如何学的，以及他们的文化及家庭背景，"熟悉并有能力筛选出成功和创造性的实践进行分类，对不同群体儿童及校内外成员有情感共鸣的力量"。反思一下，这样的个人资本有几人真的具备呢？我们真的了解自己所教的学科吗？果真知道怎么教吗？至于具体学生是怎么学的，我们又知道多少呢？他们的文化与家庭背景，我们究竟知道多少？更不要说对儿童及成人情感的共鸣了。我们所擅长的只不过是播报教材教参的信息，反反复复训练学生做题的技能而已。想要"像专业人士一样教学"，首要的恐怕是充分认识自己究竟有几斤几两，从头开始慢慢积累自己的个人资本。

社会资本，强调的是个人资本的修炼需要聚焦在团队上。一个人的努力是有限的，有限的个体想要得到进步，离不开团队的力量。社会资本的力量就在于我们可以在人与人的交往中接触到其他人的人力资本，当然我们自己的人力资本也可以推动他者的前行与上升。"信任与专业知识携手并进，才能创造出更好的结果"。随着大数据时代的到来，团队合作不仅慢慢成为人们的共识，也正成为一种可能。社会资本正是推动教与学前行的动力。一个人身处一个团队，如果意识不到社会资本的力量，单凭个人的单打独斗，在今天想要成为一个真正意义上的专业人士恐怕没那么容易。从学校管理层面而言，一所学校的社会资本运作究竟如何，除了教师观念的转变，恐怕就是学校文化生态的境况，作为管理者，对此如果没有清醒的认识，想要实现学校的教学变革，恐怕也只是痴人说梦。

"专业主义的本质是有能力做出自己的判断"，"如果一名教师总是求助于教师手册，或者逐字逐句地照教案上课，你就知道这名教师不够专业，因为他 / 她不知如何判断，或者学校不允许其进行自主判断"。所谓决策资本，强调的是"专业工作者通过结构化和非结构化的经验、实践与反思，而获得并积聚的资本——这类资本可以使他们在那些没有明确法则或争议性证据指引的情况下，做出明智的判断"，而这也正是教学的特质所在。课堂上，教学活动过程中，更多的境况就是没有可参照的法则让教师照搬，是要教师面对争议和预料之外独立判断与决策的。一个人的决策资本同样是可以"借助同事在许多场合形成判断时的洞察与经验"获得进一步提高的。"在教学和其他专业领域，社会资本事实上既是决策资本不可缺少的一部分，也是对它的一种追加或补充"。

"一刀切"的要求不利于专业资本的积累

当我们在思考如何提升教师专业资本的时候，需要反思的是，这些年甚嚣尘上的"高效课堂理论"下的这样那样的"集体备课"未必就是我们所期待的社会资本，"高效课堂理论"催生的统一的"教案""导学单""导学案""讲学稿"之类的东西，在某种程度上就是"学校不允许进行自主判断"，也正好满足了个别教师"不知如何判断"的需求，阻碍的正是教师决策资本的提升。事实上，许多"一刀切"的要求是不利于个体的专业资本积累的。

　　作为语文老师，我应该具备的天分，应该具备的关于语文学科的这些知识，掌握的程度如何，就是我所占有的社会资本。说简单一点，就是我在教具体的课文的时候，掌握了哪些课程资源——这资源包括文本、视频、音频等，当然还有周边的以及不在你身边的同道资源，这种资源越丰富，后面的教学决策就越精准。我当年有位年轻的同事，行事不拘小节，衣着打扮又不讲究，无论是板书还是备课本上的字总是写得很大，好多老同志看不惯他。但我发现他几乎对中学语文教材近期有关的论文、教案、考证等了如指掌，这就为他的教学决策奠定了资本。他十分清楚一篇具体的课文的教学目标、重点、难点在哪里，即便他的教案上没有几个字，你也不必担心他的教学会有多大的问题。

　　教学设计不一定非写像模像样的教案，这种设计，能写在纸上，写在电脑上，固然好，但是当你有了一定的阅历和教学经验的时候，是可以"写"在头脑里的，运用教学原理设计教学，使学生参与到促进学习的事件活动中，这是教学设计的根本。有哪些原理？首先是传媒理论，教育教学就是一种传播——传播文化、传播知识。问题是我们天天在干传播的工作，但就是不具备传媒学的知识，这是很要命的。此外还有心理学原理、社会学原理、系统论原理、教的原理、学的原理、脑神经科学原理。当然设计还要讲究艺术。

　　就具体课程而言，教学的设计与实施，首先得在课程的框架下，在对教材的全面的熟悉和理解的基础上，在充分评估教与学的可能中，对某一个教学内容采取相应的实际处理手段。比如高中语文教材中的《最后一片常春藤叶》就要放在语文学科作为一门人文学科这样的背景下，在高中语文课程标准的框架中，在苏教版教材"关怀生命"的板块中来设计方案、实施教学方案。如果我们在设计方案的时候，没有考虑苏教版教材"关怀生命"的板块，没有考虑高中语文课程标准，没有考虑语文作为一门人文学科，那就不叫设计，而是写教案。

　　在教学实施过程中，我们还要依赖于对预期学习结果的干预。所谓教学目标，既是出发点又是终点。出发点就是预期，终点就是结果，那么干预就是老师的监测、评价。监测、评价是贯穿在整个教学过程当中的，不断发生的，这就是干预。这种干预是扣住教学目标的。其实这种干预，反映的就是教师的决策能力，即所谓决策资本的展现。干预的目的除了为了达成既定的教学目标，其意义还在于积极推动学生有意识地构建与解构，在教学活动中努力为学生创设良好的学习环境，引导学生在探索的过程中发现问题，解决问题，建构知识，解构认知，养成独立思考、不人云亦云的思维习惯。

"行动研究"不是盲目行动的托词

稍作留心，我们不难发现，在中小学教育研究中，人们常常会用"行动研究"来掩盖其研究的盲目性与无序性。许多冠以"行动研究"的"研究"往往并没有搞清楚何为"行动研究"，而只是用这个名词作为标签以证明自己的所谓研究的科学性和规范性。

行动研究是对迫切问题的解决，难以采用全面研究的方式，先就已有资料提出改革措施，一边实施，一边观察分析结果，随时调整修改行为。注意，首先是已有资料，其次才是实施，在实施中观察、分析、修改。所谓已有资料，换个视角来说，就是已有的经验、成就以及问题、缺憾等。可见所谓行动研究是在明晰的理念与方向上继承与彰显已有的经验与成就，规避行动中可能出现的问题与缺憾。既然是研究，总得有一个具体的目标与走向，以及对这个目标的路径与方法的全面设计与规划，以便师生员工、研究人员共同合作，边研究边行动以解决实际问题。从某个角度看，行动研究是在挖掘自身潜在资源的基础上，系统规划的关于提高学校管理效能和教育质量的一整套策略。

行动研究或许也是一种"摸着石头过河"，但须知所谓"摸着石头过河"，目的是"过河"，而不是"摸"。教育实践中，已经累积了不少"石头"在那里了，我们踩着它们过去就是，当然未必是亦步亦趋，还需从实际出发，或者说是看准了再踩，而不是盲目地"摸"。须知许多今人为之黯然神伤的问题，前人早已经慨叹过，并且用他们的行动研究过，对这些问题我们需要的不是摸，而是在甄别、筛选的基础上传承与改善。至于那些被淹没的"石头"究竟有几块，怎么摸，就需要提前预设，否则难免呛水，难免淹死。教育改革与探索光靠一句"行动研究"或者"摸着石头过河"来搪塞，这样的行动难免盲目，这样摸下去恐怕也摸不出什么名堂。

行动研究不能偏离教育的宗旨和学校的使命

"凡事预则立，不预则废。""预"说的就是事先的谋划——做什么，怎么做，做到什么程度，事先总得有个设想，而不是想到什么做什么，做到哪里算哪里。"立"，其实就是结果，指向目标的结果，要的是成就和效果。"废"，是另一种偏离目标的结果，同时也是一种耗费，人力、物力、精力……凡事预先有所谋划——准备、预估，在具体行动的时候才不至于不知所措，才可能把握主动。

准备、预估，强调的是行动研究不能偏离教育的宗旨和当下学校的使命，也不能远离学校哲学，还要着眼于学校的现实与未来，尤其是师生的未来。好高骛远，反而令人望而却步。变革与改善由于方方面面因素的制约，往往不是一年两年的事情，甚至不是三年五年的事情，需要有一个长远的谋划。"预估"强调的是研究的计划性与可行性，"准备"强调的则是具体行动中需要考虑精神与物质的储备与可能。"宁可备而不用，不可用而无备"，说的就是这样的道理。事先没有充分的准备，一旦遭遇种种阻碍，难免慌乱，乃至失控。许多情况，在制定行动方案的时候要尽可能多想一点，多议一下，多听听不同的声音。靠谱的"行动研究"总是在事前反思的基础上展开的。

无论是学校还是其他行业，运行中不出现意外是不可能的，行动研究必须面对各种变数。这变数不外乎已知和未知的各种变量。分析学校现状以及未来教育的趋势可以预估学校工作的某些因素会发生变化，但往往事先无法判断其会向哪个方向变化。对这类已知的变量我们可以评判，而未知的变量事先我们完全无法预测，需要的是顺应变化，否则难免人仰马翻。这并不意味着改变初衷，而是为了坚守初衷，变道前行。"穷则变，变则通，通则久"。从某种程度上说，在行动中改善与修正，也是行动研究的一个特质。

如果我们决定选择行动研究，首先要做的是调研，力求通过调研了解所要研究的问题的现状和进行研究的可能，同时还要有必要的文献检索，为制定研究方案作好充分的准备；接着要做的就是制定相应的研究方案；

然后才是行动——亲历、观察、采集、记录、反思、调整、改善……；最终形成相关的图片、音像、文本等。如果有必要，还要对这些图片、音像、文本等进行进一步的分析与研讨，决定下一步的行动。行动研究作为一种研究方式，绝不是一种标签，强调的是在科学理论的指导下，根据事先预设的路径，有计划有步骤的一系列的行动。

管理好你的情绪

"情绪涵养"是一种行为，一种能力，一种历程。情绪管理是一名合格的专业管理人员必备的素养和技能。作为教育者，我们的情绪涵养和情绪管理，不仅关系到个人的专业发展，更关系到学生的发展。

什么是情绪

从事教育的人都知道，情绪，是对一系列主观认知经验的通称，是多种感觉、思想和行为综合产生的心理和生理状态。最普遍、通俗的情绪有喜、怒、哀、惊、恐、爱等，也有一些细腻微妙的情绪，如嫉妒、惭愧、羞耻、自豪等。情绪常和心情、性格、脾气、目的等因素互相作用，也受到荷尔蒙和神经递质影响。情绪没有好坏之分，只有正面的和负面的。无论正面的还是负面的情绪，都会引发人们行动的动机。从另一个角度来看，情绪可以被分为与生俱来的"基本情绪"和后天学习到的"复杂情绪"。

从教育工作者，尤其是学校管理者的专业视野来看，我们若想成为一名合格的专业人员，就必定面临一个情绪涵养和情绪管理的问题。

"情绪涵养"的含义

"情绪涵养"的概念是由台湾学者饶见维在《情绪涵养》一书中提出的。他认为，"情绪涵养"的涵义可以从以下三个方面来说明：

（1）"情绪涵养"是一种涵养情绪的行为。就像父母在照顾小孩一般，用包容心去面对、处理、照顾、观照、爱护、管理自己的情绪，使自己成为能够妥善管理情绪的人，让自己不至于为情绪所淹没。

（2）"情绪涵养"是一种涵养情绪的能力。即对情绪真相的领悟程度以及对情绪的掌握能力，类似"情绪商数""情绪智力"或"情绪素养"。

（3）"情绪涵养"是一种涵养情绪的历程。即一个持续学习情绪涵养行为及提升情绪涵养能力的历程。

情绪管理的意义所在

作为教师，我们几乎时刻都生活在某种情绪的纠结之中。许许多多的学校人际关系紧张，其实是老师们在情绪处理方面出了问题。而学校管理者则根本没有意识到情绪涵养、情绪管理与教师的专业素养和学校文化生态之间的关系，我们更不会重视自己的情绪涵养与情绪管理。

作为教师，每天面对体制带来的种种纠结无法改变，但是情绪可以控制，我是我情绪的主人。

毫不夸张地说，我们当下的情绪对自己的生命状态影响相当之大。

许多时候，我们会莫名其妙地发火——上课的时候，跟老公或跟妻子在一起的时候，跟孩子在一起的时候，莫名其妙地发一通无明火。这其实就是情绪方面出了问题造成的。再比如说，我们经常看到新闻报道有些孩子因为承受不了来自父母的、家庭的、老师的、学校的课业负担或者对他们过分要求的压力，就跳楼了。

有一个阶段不断有报道说跳楼自杀的——有的是著名记者，有的是著名编辑。工作压力大导致不少新闻从业人员和教育工作者心理抑郁。我们比较熟悉名记者当中不少是抑郁症患者。有一位新教师，因为家长的意见，因为所教学科的考试成绩不理想，学校就让他改做教务员了。这位教师几乎天天给我发微博短消息表达他的孤独与恐惧，甚至流露出出走隐居的想法。但是，我的校长朋友是不会意识到学校的这一决定，居然会给这个年轻人带来如此大的压力的。

我经常同校长朋友们讨论这样的问题：作为一个学校管理者，新教师到你们学校，你应该做的第一件事情是什么？实际上，我们普遍做的第一件事情，就是听新分配教师的课。我们就是不去扪心自问自己当年进入学校的时候有没有谁教过自己怎么上课；在自己不知道如何上课的状况下，领导就来听课了，我们是作何感想的；我们更不会去想，一个新教师不会上课，我们究竟有没有责任。

大家想想看，新教师刚刚上班，你就去听他的课，然后说他不会上课，你说这责任是他的还是学校的？我们这些管理者从来不考虑这些问题，更不会认为这是我们的责任。我一直以为，指导新教师上课应该是学校替他们做的第一件事情。当年我做校长的时候，新教师来了，我做的第一件事，就是将他们集中起来，向他们介绍学校情况和工作要求，给他们配师父，要求他们多听师父的课，并在师父的帮助下学会上课，然后才是领导听课，他们上汇报课。

哪些问题在影响我们的情绪

先来看一个段子，名为《困在厕所里的老师》：

> 一日正在上课，一学生要求上厕所，老师觉得影响课堂秩序，不准。结果学生尿于裤中。家长状告教育部门：该老师违反人权，剥夺学生如厕权利，应严惩之。又一日上课，一学生要求如厕，老师准之。谁知该生滑倒在厕所。家长状告教育部门：上课期间擅自让学生离开教室，导致学生受到伤害，应严惩之。又一日上课，一学生要求如厕，老师害怕他在厕所滑倒，前往陪伴，谁知老师离开课堂期间，学生相互打闹受伤。家长状告教育部门：该老师上课期间擅离职守，致使学生打闹受伤，应严惩之。又一日上课，一学生要求如厕，于是该老师带领全班学生一同前往厕所。家长状告教育部门：该老师玩忽职守，上课期间不传道授业，应严惩之。

在当下的中小学乃至于高等院校，类似上面段子的奇葩校规还真层出不穷。比如说，有所学校规定，男女生禁止互发短信；还有一所学校规定男女生不得在同一个餐厅就餐，男女生之间的最小距离不能小于50公分。再比如，还有所学校动不动就罚款，我还看到微博说，有个学生犯了错误，老师让他跪在讲台旁边。我们的管理，习惯了不准，不准，不准！但很少谈怎么做。

许多时候，事情一旦发生，我们的情绪就控制不住了，粗暴的举动也就出来了。上课不允许学生使用手机，你跑过去一没收，还要叫家长来，结果家长没来，孩子来了，一刀将你喉头给割断了。我们忽视了这样的常识，你有情绪，他也有情绪，你大庭广众之下没收了他的手机，还要请他家长来，他的情绪就这样在你的情绪影响下发酵放大了。我们在处理一些事件的时候往往不会考虑师生的情绪，而只是由着我们的性子来处理。

前几年的反日行动，砸车的可不都是二流子，也有我们这种身份的人，甚至于还有学者。因为在群情激愤的情况下，情绪是会传染的，你没有控制力，你就干了匪夷所思的事情。

心理学上有个典型的"踢猫效应"：因为父亲在公司受到老板的批评，回到家拿孩子撒气，孩子心里窝火——你是我父亲，我没有办法，那我干吗？我就去踢猫！猫被踢，就逃到街上，孩子去追猫，不巧一辆卡车过来就把孩子给撞伤了。作为一个管理者，作为一个教师，必须明白这些道理。遗憾的是我们往往对这些一无所知。所以我一再主张教师要读书。不读书你怎么会知道这些知识，人类的文明不在于我们所看到的事物，而在书上，在图书馆里。

我过去做校长的时候，每天都会给我们学校的老师和学生贴一个教育小故事。其中有《一个孩子钉钉子的故事》，就是关乎情绪管理的：有个孩子脾气很大，他的父亲为了改变他，就给他一袋子钉子，告诉他每当发脾气的时候就可以把钉子钉在后院围栏上。第一天这个孩子钉了37根，慢慢地每天钉钉子的数量越来越少，他也渐渐学会了控制自己的脾气，终于有一天这个孩子不再乱发脾气了。然后父亲告诉他，从现在开始，每当他能够控制自己脾气的时候，就拔出一根钉子。一天天过去，最后这个男孩告诉他父亲，他终于把所有的钉子都拔出来了。他的父亲牵着他的手到后院跟他说：你做得很好，我的孩子。但是你看看留下的那些洞，永远不能恢复成从前的样子了，也就是说，你生气的时候所说的话，所做的事情，就像这些钉子一样留下了疤痕，不管以后你说了多少对不起，那伤口永远存在。

在现实生活中人跟人发生冲突以后，你再努力修复也不会回到原来的那种紧密的关系状态了，缝隙只可能越来越大，不可能变小的。我们要做的就是尽可能不要形成缝隙，不要留下疤痕。

回到前面说的某校对待那个新教师的问题上来，领导可能是为了迎合家长和学生的需求，但是却没有想到，这样的处置会对全校几百个教职工的情绪产生影响。我们总认为，我让你上你就得上，我不让你上你就没得上，我的地盘，我就是王法。但我们不会意识到这个年轻人会记住我们一辈子。

此外，来自上级各个部门官员的、学校同事的、学生家长的、社会各界以及学校管理者内部的、兄弟学校同行的和我们家庭的等诸多对我们的不理解也无时无刻不在影响着我们的情绪。

情绪管理的维度和方法

首先是要稳住情绪，不拿别人的错误惩罚自己，也不让负面情绪伤害自己。事情一旦发生，不闹情绪几乎是不可能的，但是，我们可以学学周伯通，就当乐子玩玩。我这些年最大的长进就是干什么都当乐子玩，遇到揪心的事情，也会来火，但一会儿工夫就忘了。这就是修炼的功夫。当然，最好还是不要发火，更多的是要反思以后怎么做。当我们的情绪稳定下来，思考问题时才可能冷静、理性和变通，才能换位思考。

有个故事说的是一头猪、一只绵羊和一头奶牛，被牧人关在同一个畜栏里。有一天，牧人将猪从畜栏里捉了出去，只听猪大声号叫，强烈地反抗。绵羊和奶牛讨厌它的嚎叫，于是抱怨道："我们经常被牧人捉去，都没像你这样大呼小叫的。"猪听了回应道："捉你们和捉我完全是两回事，他捉你们，只是要你们的毛和乳汁，但是捉住我，却是要我的命啊！"

情绪为什么会发酵？因为我们不知道对方内心想的是什么，只是站在自己的立场上考虑问题，一件事情出来以后，表面上似乎与我们无关，于是我们总会说，多大点事儿。但我们不明白这件事对我们不算事，对别人而言就是天大的事。尤其是我们在与学生的交往中，许多事情在他们眼里就是天大的事。所以，遇上别人的情绪反应，明智的方式就是"稳住自己的情绪"。

第二，问题的处理也需要技巧。一方面是及时，另一方面是坚持沟通。我们总是认为冷处理是最好的办法。事实上冷处理不是最佳的选择，因为你的冷处理会让对方诚惶诚恐，不知所措，就会去肆意联想和想象。最典型的就是契诃夫的《小公务员之死》。一个美好的晚上，一位心情美好的庶务官伊凡·德米特里·切尔维亚科夫，在剧院里的一个"小不慎"将唾沫星子溅到了坐在前排的将军身上，小文官唯恐将军会将自己的不慎视为刻意冒犯而一而再再而三地道歉，弄得那位将军由毫不在意到真的大发雷霆；而执著地申诉自己毫无冒犯之心实属清白无过的小文官，在遭遇将军的不耐烦与呵斥后竟一命呜呼。一个人竟丧命于自己的喷嚏，其实，这小文官丧命于他自己对达官贵人的恐惧。他一心想以道歉申诉去排遣内心恐惧，尽管那将军是别的部门的长官。所以冷处理不是最佳的选择。

所谓"坚持沟通"，即是指一次不行两次，两次不行三次，直到能找到一个双方都能接受的场合和方式。但是我们常常没有这个耐心，口口声声说自己忙。那怎样才能坚持下来？比如，"放氢气球"，就是一种有效的经验。我想做个事情暂时做不成，我就先"放氢气球"，一个月不行两个月，两个月不行三个月，一年不行两年，只要认准了就要做。你天天说这件事，大家慢慢的心里就认同了，就慢慢接受了，万万不能今天晚上睡觉时想到要做某件事，立马就做，这样多事倍功半。

第三，要学会幽默与自嘲。讲话的时候要幽默一点，风趣一点，强硬要在幽默跟风趣之中，我的态度是不可能变的。恶话善说，是我人生的教训和经验。在这儿我建议大家在交谈时有点调侃，有点自嘲。用适度的情绪感染对方，你的情绪要与对方产生共鸣。《皇极经世·观物外篇》中这样说："时然后言，人不厌其言；乐然后笑，人不厌其笑。"什么场合说什么话，是非常重要的。

一个善于自嘲的人，总是自信心很足；而一个自信的人，必有他对事物深思熟虑后的坚守底线。底线就是法规，就是人格。一个人，什么都可以容忍，但容不得你侮辱他的人格，你也不能容忍别人侮辱你的人格。当然，更不能违法违纪。

最后，要有十足的韧性与耐力。在现实面前，许多问题是不可能在当下解决的，而要靠时间去慢慢消磨。所以，要有韧性，一次不行两次，两次不行三次，一年不行两年，两年不行三年……你想做的一定要做到位。如果一次两次做不到位，你就放弃了，以后你再想做什么就难了。如此反复的过程，肯定会影响到很多人的情绪，但从反面看，我们每挺过一次，自己的情绪涵养也就提升一层。

教师的研究要扎根在自己的土壤里

有人问我，"教师应该如何做教育研究？"我的回答是看看刘百川的《小学各科新教学之实际》《初等教育研究集》《一个小学校长的日记》和《乡村教育实施记》等就明白了。如果能再读一读《社会研究方法》之类的书籍，可能就会更明白一些。

刘百川先生的这些著作里，忠实地记录了他与同仁们的共同探讨，共同研究，共同实践。从这些著作里，我们会发现，教师和校长的教育研究当是扎根于学校土壤的，着眼于自身的教育生活的。

教育研究要注意普遍联系

我们所做的工作，虽然是教育工作，但是我们所讨论所研究的问题，不能仅以教育问题为限，诸般的社会问题，都直接间接与教育问题发生关系，我们对于这些社会问题，都应当加以注意，万万不能仅注意到教育问题，而忘记其他。

——刘百川

在《乡村教育实施记》里，我们能够看到刘百川与乡民和儿童的交往，给他们讲故事，同他们玩游戏，与他们书信交往，一起挖渠，一起栽树，一起改厕，一起防盗，一起禁赌。在《一个小学校长的日记》里，我们能看到他对教室黑板的高低、课桌的高矮、教室的采光、图书的装订等看似琐琐碎碎的小事的关注。在今天，对于这些琐琐碎碎的小事，我们恰恰很少有人去关注，或者说几乎不屑于关注。然而这些又确确实实是教育必须关注的具体事件，是与学生的生命生长息息相关的教育细节。

在很多时候，教师的眼中只有自己的学科教学，做班主任的可能眼里看得更多一些，还有学生的成长。实际上，教育是一个庞大的系统，我们每个教师所能参与其中的，的确有限，但是，这些我们未曾充分认识的因素却都在影响着教师的专业成长和学生的学业进步。

我对教师的教育研究持这样的观点，首先要有聚焦的东西，也就是研究的方向，但教师的眼里绝不能只有"聚焦"，还要有问题的背景。这个很容易理解，你教语文学科或者生物学科，你就研究语文学科的教学或生物学科的教学，甚或是其中的某一个方面，但是你在研究你聚焦的问题时，一定不能只是就事论事，而应该把所聚焦的东西放到教育的大背景中去，甚至放到社会的大背景中去。这样，就能够把问题看得更清楚，把影响所研究问题的因素找得比较齐全，所能做的研究才可能更科学更正确。或者可以说，教师的研究最起码要在课程意识或者学科教学的大框架下，紧密联系对学生的教育目标和学生的成长环境，在"普遍联系"中思考研究。这种"普遍联系"，还体现在要用历史的角度来看待研究的问题。作为研究者，教师要弄清所研究的问题的前世今生，因为昨天、今天、明天，这是一个密切联系的、历史发展的过程，弄清楚来龙去脉，对问题的把握才能更准确、更清晰。所以，教师的研究要做到普遍联系，要有宏观视野！

教育研究要解决实际问题

> 我们工作的时候，对于目前的困难，自当毫不畏难去想法子、去求解决，更当深入到困难的里面去研究困难的原因，体验困难的情形，找出解决困难的方法。
>
> ——刘百川

我们为什么要研究？是因为在实际的教育、教学生活中遇到了困难。这些困难阻碍了教师本身的成长，也或者制约了学生学业的进步，如果不解决这些问题，那么教育教学的行为和过程将要受到影响，教育的效果就要打折扣。教育研究的过程就是为解决教育教学的现实生活中遇到的困难而作的思考和探索。因此，教育、教学的困难所在，就是教师研究的方向所在。因为这些困难的解决与教师的切实生活密切联系，所以这些大概就是教师研究的原点和动力来源了。

刘百川先生说："有一点我们应当注意，就是我们置身在困难之中，不要为困难所范围住。如果为困难限制住了，我们的头脑便想不开。我们在埋头苦干当中，还要抬头细想，想的时候，要作通盘的观察，免有偏见或受一部分事实所蒙蔽的事。"刘百川先生实际上是在提醒我们如何提炼问题。教师的研究，最要紧的就是对研究问题"聚焦"，没有问题的提炼和聚焦，我们就没有研究的方向和着力点。

但是，当下出现了为研究而研究、为课题而课题的情形。从刘百川的著作中我们可以看到，他的教育研究方法最为重要的就是观察法、实验法和自我教育法。试想，如果所研究的课题与自己的教育生活相去甚远，那么又怎能有切身的理解和感受，没有切身的理解和感受，又到哪里去获得驱动研究的力量和支撑，当然也就更难得到科学和正确的结论了。所以说，离开自己教育生活的所谓研究必然成为"无本之木、无源之水"。

教育研究要基于现实基础

我们在观察研究的时候，要目标与技术并重，理想和事实兼顾。不要离开目标和理想，偏重枝节的或零碎的技术问题，也不要离开事实及技术而空谈目标及理想。

——刘百川

刘百川先生主张，教师的研究，要"先考虑我们有多少力量，能达到什么目标？那么我们的方针便是那么确定"，"先要考虑我们所确定的目标，与其他各方面发生什么样的关系，不要只看到我们的本身"，更要弄明白"我们所拟达到的目标，应该是一个合理的具体的，不应当完全基于主观的或完全是假设的"。

关于教育研究，需要解决的问题实在太多，可以说，从宏观的教育体制到微观的课堂教学，都有亟待解决的问题，关键是一线的教师能够做什么，能够做成什么。在心理学中有一个概念，叫最近发展区，意思是教学应该在学生的最近发展区着手，最近发展区才是学生从已知到未知的通道。教育科研同样如此，如果超越了老师的能力、水平，教育科研无疑就变成了空中楼阁。

第二个当是要考虑研究的需要和基础。如前面所言，教育研究是要解决教育过程中的困难或者问题的，是消除理想（目标）与现实（当下）之间差距的办法。但是，当下存在着脱离自身基础的所谓研究，别人在搞什么，自己也去搞什么。这既是没有找到研究的真问题，也是没有找到研究的现实土壤。现实基础应该依据研究目标、技术条件、研究能力、历史积淀等多个方面。

第三个是要做那个中间的人。在教育研究中，大家一直争议"实践"和"理论"之间存在的隔阂。对于从事实际教学的教师来说，自然有区别于"学院派"的地方，但从事实际教学的教师的实践果真不需要理论的指导？恰恰相反！在我看来，操作层面的东西，是的确需要理论的指导的，索性说得高一点，教育实践就需要教育哲学的指导。正确的态度应该是依据自己立身教育"田野"的基础，积极获取"理论"的指导，做实践和理论之间的那个中间的人，这才是一线教师做教育研究应有的姿态。

教育研究要做到言行一致

> 事情怎样做，文章便怎样写，文章怎样写，事情便怎样改进，无论如何不离开事实做文章，更不因做文章而耽误了本身的职务，至于见解是否特殊，那与各人的眼光有关，我们也无用惭愧了。
>
> ——刘百川

关于教师要不要写文章，应该怎样写文章，也是大家热议不止的事情。常有人拿出国外教师不用评职称，而中国教师需要评职称的例子，借此来驳斥中国教师职称评定需要论文的做法。至于职称到底有多少合理性，我们不去评论，但是教师写点文章倒的确有必要。试想，如果一个教师一生都没有写过一篇文章，何以说明他的专业性？可以反过来推测，文章是思考后的表达，是研究成果的呈现，是同行之间、前人和后来者之间传递思想的载体。不能说没写文章的人就没有思考、没有研究成果、没有传递思想的能力，但是，一个教师没有写文章，我们如何去证明他的思考、研究，又如何实现与他人的思想交流。当然交流的方式很多，两个人之间的说话也是交流，但是如果写成文章来交流，是不是可以有更大的交流范围和更严谨的表达方式？如果不是因为文章这个载体，今天的人们中有谁能确切地知道孔子或者亚里士多德的思想呢？

但是，写文章和做研究的确需要保持一致，也就是所谓的我手写我心、言行一致！可能有两三个案例引发了教师的思考，教师以此为原点展开了研究，并写成文章，这就是一个典型的教育生活中常见的研究和论文的关系。当然，一篇高质量的文章，不是一朝一夕就能写成的。很多时候，因为教育生活的复杂多样，也由于教师生活的平凡琐碎，可能一堂课下来只有一点点的课后反思，如果记下，或许之后的某个事件又引发了类似的思考，那么也就自然成为一篇文章了。这也是教师为什么要进行教学反思的本意。这些思考可以写在教案的本子上，也可以写在博客中。

教育科学毕竟是科学，正式课题的立项和周期性的研究是教育研究的高级形式，很多一线教师就是在自己的教育现实土壤中提炼、聚焦以形成课题，并展开系统的研究，最后形成个案、报告、论文等研究成果，甚至有自己教育理论的形成，这自然是教育研究的"正规"形式。当然，能做到什么程度，要看各人的基础和环境，能写成什么程度，也要看个人的水平和眼光了。正如生物界的纷繁复杂一样，教师群体同样是无比个性化的存在，我们不能用统一的标准去要求教师如何从事教育科研，但是作为教师，为了更好地解决自己教育生活中遇到的问题，进行研究、思考，或者写点文章，倒是应该的事情。

总之，教师的教育教学研究，要从自身的情况出发，同时有时要兼顾到各种关系，其落脚点就是解决教育教学的实际问题。我们不是为研究而研究，我们的研究也不同于以研究为职业的研究者的研究。我们的研究只是为解决教育教学中的实际问题，探寻有助于学生的生长和我们自身的生长路径的研究。如果想在教育问题上有所作为，我们就当在自己的教育教学中有实实在在的追求，并将这追求落实在自己每天的工作实践中，同时还要养成在实践中观察与思考的习惯，要在实践中反思与修正，要结合实践读一点书，写一点心得。这些，刘百川先生早已经用他的实践和业绩告诉了我们：认准方向，小处入手，坚持下去，必有所成。

需要强调的是，所谓研究，就要讲究科学，既然教育学属于社会科学，我们就要多少掌握一点社会科学研究的方法，否则就难免限于盲人摸象的境地。美国著名社会学家艾尔·巴比说，"科学就是在寻求解答过程中发展出的一种答案"。教育研究同样是处于动态状况的，我们的研究，就是在不断地寻求新的答案，谁也不可能真理在握。教育研究同科学研究一样，应该是一项"有意识的、有准备的缜密的任务。有时候会使用统计分析，但通常不使用"。所以，我不主张"摸着石头过河"。

中小学学科组具体研究些什么

学科组在今天的职能大概有三个方面：一是使每一位教师成为合格教师。学校要通过学科组，让全体教师掌握基本的教学规范和教育要求，或者说教学方法。二是使部分教师成为良师，也就是我们所说的优秀教师，或者说骨干教师、学科带头人。这期间的重要任务是提升教师的教育教学技能。三是让一些教师成为名师，也就是特级教师。其主要任务是培育教师的教育智慧，或者说是教育机智，形成其个人的教学风格和教学主张，乃至教育思想。

总体来说，学科组的具体研究问题不外乎以下几方面：

研究教材

目前，教学中比较普遍的问题是许多教师根本不通读教材，或者说几乎没有读过，或者读了但并没有弄明白教材的具体要求及重点、难点所在。开学之初，教师最关注的并不是教材，而是教学指导用书、练习册、教辅资料。似乎离开了这些教师就不知道如何备课了。稍微有智慧一点的教师会在备课时百度一下，看看有没有现成的教案、现成的PPT，然后一复制一粘贴就到教室里去忽悠了。

另外就是教材的梳理。在大数据时代，我们的教学与过去的区别在哪里？就是教材问题广、主题广。但在实际教学过程当中，大多数教师还是就教材教教材，很少有意识地把教材转化成问题，更很少有意识地让教学朝着主题化、专题化发展。我们一再谈要理论联系实际，要学以致用。联系怎样的实际呢？其实就是学生当下的生活实际。

学科组还要研究教材及教学内容的呈现方式。哪些内容、哪些问题、通过什么方式呈现都是需要共同研究的。哪些问题需要提问，哪些问题需要讨论也是需要研究的。如《济南的冬天》一文中最能概括济南的冬天的那个词语就没有必要讨论了，因为没有思考的价值。而课文是如何描述济南的冬天温晴的特点的这个问题是需要学生在反复研读课文的基础上，用已有知识去判断、研究的。而且每个学生对这个问题的认识，也不一样。

研究学生

研究学生主要是研究他们的学习态度、学习习惯、学习基础。今天，教师们亟须反思的就是我们确定的教学目标有多少是从学生需要出发的，我们是不是应该想一想，我们今天设定的目标是教学指导用书上的目标，还是教师的目标，抑或是学生的目标？须知，教学目标既是教学的起点，又是教学的归宿，同时还是教学评价的依据，它既有定向功能又有调控功能，影响着教师的教学方法选择以及教学行为与方式。它不仅要立足于学科，紧扣课程标准，从具体教学内容和学生实际出发，兼顾当前和未来的需要，通观学科特质，本着可行性、可操作性、阶段性、科学性等原则系统设计。这当中，学生的需要，往往易被教师忽视。此外，更重要的是研究学生的学习习惯和学习方法。教学并不是教知识，而是教方法、教习惯。只有贴近学生习惯与方法的教，才是有效的。教是为了不教，是为了使学生离开了学校，还能自己学，这当中起作用的就是符合个体特质的学习方法与良好的学习习惯。

研究学生，还要重点研究学生的学习水平。目前的教学研究很少关注学生的学习水平。为什么我们教的成效不好？因为我们所教的与学生的思维不同步。我们总是把问题想得很简单，有些问题对我们确实不是问题，但在学生那里却是真问题，因为学生的知识背景与教材、教师的阅历和体验有一定的距离，有时甚至相去甚远。学科组需要探究的是，如何将教师认为简单的问题变为学生可理解的问题，这就需要为他们搭脚手架或者铺设台阶。

研究自己

许多教师重视研究教材、研究学生、研究教法，但唯独不研究自己。教师与教师有着极大的差异。即使是语文教师，或许也无法泛读每个类型的课文。有的教师属于豪放型，相对而言，豪放类的文章可能会更适合他，而那些婉约的作品就不适合。有的教师擅长做课件，有的教师擅长实验设计与操作，有的教师长于言辞，有的教师工于板书……做教师的要明白自己的长处在哪里，学科组要帮助教师分析他们的优势和劣势，让其优势发挥到极致，想办法弥补其劣势或者不足。

如何推动教师研究自己，民国教育家刘百川先生的这些建议或许可以给我们一些启示：（1）搜集问题，要经过长时期的观察、研究、记载，看是否有研究的问题，有些什么问题。（2）搜集问题的范围要一定，自己对于某种学术有专门的研究，便从某种学术方面去搜集问题。（3）平常读书、工作、听别人讲演时，应适量做反省的工夫，看有无研究的问题。（4）平常遇到困难或障碍，不要轻易放过，最好把困难和障碍作为训练思考的机会，从困难和障碍里，可以发现许多研究问题。（5）在研究某种问题的时候，注意别的问题发生，如在研究的时候，发生其他的问题，也可以作为研究问题。（6）已搜集到的问题，要随时记载下来，不要把已得的问题再失掉。

研究课堂

课堂是干什么的？用杜威的话来讲就是一种生活，课堂从某种程度上讲就是个舞台，人人都是演员。课堂生活绝不仅仅是教学的生活，更不是程序化、模式化的生活，它还包含着课堂上的人际交往、情感体验、智慧生成、生命成长等更为自然、灵动、丰满的内容。这就提醒我们思考：课堂教学改革在模式建构之后，将走向何方？如何提高师生课堂生活的质量？

一个现实的情况是，无论是我们平日所看到的常态课，还是公开课、研究课、示范课，大家津津乐道的更多是"术"——教学方法、教学模式，当然，他们也会给这些冠以某种标签式的理念。而那些急于在课堂教学改革中寻求业绩提升的校长、教师们，往往又会在效仿中迷失自我、目中无人。

提高课堂质量的出路不只在"术"，更在"道"。所谓"道"，就是对课堂生活的理解和认识，就是对课堂教学的价值取向和理念的正确把握。当课堂教学真正开始关注个体生命，回归学生学习、成长、生命体验的原点时，课堂生活才有可能回到"道"上。这样的改变一旦发生，我们就会在那些顽固势力面前，寻找从边缘开始改善的可能，慢慢地通过某些细小的变革，实现对课堂与学校的重新架构，使其更好地满足多样化学习者的需求，让课堂朝着"对所有学生来说变得更美好"的方向努力。

教师是课堂生活的灵魂，教师的使命就是让课堂生活变得更美好。这不仅需要教学能力的提高，更需要教学理念的转变。理念是行动的先导，是教学能力得以提升，让课堂教学符合道德的前提。实现理念的转变，需要戒除浮躁，静下来阅读，沉下去思考，从自己身上寻找宝藏，挖掘潜力，这样我们才有可能"不畏浮云遮望眼"。尤其是在当下这个移动互联网、大数据时代，学生的知识和视野早已不局限于课堂生活，这就更需要教师基于对时代发展的敏锐体察，深化对学生、教材、课堂的认识，生成自己的教学智慧，形成自己的教学勇气，使学生的潜能得以开发，个性得到张扬。

研究课堂教学活动

十多年来，我们一再倡导小组合作、探究学习。学科组是不是应该研究一下这些活动如何设计与组织，是不是更应该组织教师们有目的地分头观察与研究如何分组，如何组织讨论，哪些问题需要探究等，继而寻找有效的策略？还有，教学活动不能仅仅拘泥在课堂上，在具体教学实施过程中可以配合开展哪些与之相关的课外与课堂活动，在新一轮课程改革背景下的所谓选修课、走班制如何得以有效实施，诸如此类的问题都是学科组要研究的重点。

在具体教学活动当中，如何给更多的学生以鼓励和指导，也需要研究，教师的眼神、肢体语言，甚至与学生的距离，都是一种评价。这里说的距离不是心理的距离，而是位置的距离。刘百川先生早年就提出这样一个问题：提问时，教师应该站在哪里，学生回答时，教师应该站在哪里？这个看似小儿科的问题，恰恰大有讲究。

在教学过程中学生是主体，教学的一切活动都必须体现在学生身上，教学的最终效果更要通过学生来实现。心理学研究表明，恰当的问题情境能唤醒学生的学习热情，促使学生主动参与。学生主体参与教学活动，对教学的意义重大，对此教师必须有清醒的认识。教学中，我们可以创设诸如生活情境、动画情境、游戏情境、表演情境，把学生引入到情境中来，使学生意识到问题的存在，从而开动脑筋，寻求解决问题的方法。譬如教《皇帝的新装》《威尼斯商人》等课文时，可以让学生根据自己对课文的理解，分小组将其改编成课本剧，自导自演。课堂教学中，要有充分的时间和空间让学生表达、观察、体验，学生有事可做，有问题可以思考，才能体会到学习的乐趣，其主体意识才能得到较好的培养和发展。比如教七年级数学《调查统计》，是不是可以设计一些具体的调查统计活动，让学生在课堂上分享他们各自调查统计的过程与体验，谈谈他们各自的收获，共同梳理出"调查统计"的步骤，统计数据呈现的方式，以及这些数据对改善人们行为方式、提升人们生活质量的启示，而不是按部就班，重复呈现教材内容？

首先，学生主体参与教学有利于建立良好的教学人际关系，使学生成为教学的主人。教师如果能创造条件满足学生的参与欲望，学生就会产生明显的向师性。学生参与教学的热情越高昂，越能提升教师的教学情趣，增强师生的交流与合作。这不仅会使学生的人格价值得到体现，而且会使学生在与老师一起讨论问题、设计教学方法中感受老师对教学工作的事业心、责任感，增强对老师的理解和尊重，而老师的人格价值也会在学生心目中得到升华。其次，学生的主体参与可使课堂充满活力，使学生真正成为课堂的主人、学习的主人，这样课堂教学的效果才会稳步提升。

积极力量3：

寻找理想的教育——在实践中反思

如果"核心素养"是回答"培养什么人、怎样培养人"的问题，就要回到教育的价值上来。从"立人"的角度来看，教育的目的主要是为学生的生存奠基或者说提供帮助。要生存，就要面对各种未知与挑战，要应对这些挑战，自然需要"信息素养、思维素养、人文素养、专业素养、身心素养"……但一个不能"自由思想"或者说不具备独立思考与判断能力的人，又如何调动这许许多多的素养与技能呢？

尽最大可能帮助学生逃离恐惧

时下，无论是公开课、示范课还是常态课，只要我们稍微留心观察学生的课堂学习行为，就会发现他们绝大多数总是费尽心思揣摩教师用意来回答或"讨论"问题。学生们的讨论发言看似积极、正确，符合课程要求，但可能不是他们真正想说的话，更不是日常交流的"伙伴语言"。《教育的使命》的作者约翰·霍特在长期观察了一个叫艾米莉的孩子的基础上发现了孩子的问题所在，他猜测这孩子是这样想的："老师想让我做一件事情。我根本不知道让我做什么，也不知道为什么让我做。不过我还是做点儿什么吧，这样他们就会放过我。"

事实上，我们的学校和老师就是这样慢慢让孩子们学会了察言观色。他们会从老师的言谈举止，包括细微的表情变化和日常的肢体语言中揣度老师所需要的答案。而老师呢，习惯了学生的答案必须和自己的意思一样。

任何事物不能只有一个答案

虽然学生的课本中也有《事物的正确答案不止一个》之类的课文，但在实际的教育教学生活中，我们给学生的答案往往只有一个，我们向学生要的也只有一个答案。个别情况下我们甚至会罔顾教育伦理，通过某些手段将答案塞给学生。我就听说过这样的案例，有位孩子语文素质不是那么理想，有一回在一位名师大型的公开课上，孩子的发言居然那么有条理，有质量。恰好他妈妈也赶去观摩了一下，她十分讶异孩子的表现，于是孩子回家后她狠狠地表扬了孩子："你的语文并不是那么差啊！"孩子说："你不知道，老师将话筒对着我的时候，告诉了我答案。"正是教师们类似这样的一又一个的细节"阻碍他们思考和迫使他们绞尽脑汁想出各种诡计""始终持有一种必须不惜任何代价来取悦大人的意识"。我们的问题还在于认识不到即便那些能够说出正确答案甚至能作出一番解释的学生，"也可能对自己所说的或所做的完全不了解"。这恐怕就是我们往往无法理解一些孩子的行为表现为什么会有那么大的"反差"的原因所在。作者提醒我们，学生们的"大部分时间都在仔细观察老师"，然而"他们所观察到的也只是老师触目所及的部分，以至他们丧失了很多宝贵的学习经验"。

另一方面，许多教师为激发学生的学习兴趣也总是千方百计地使课堂教学变得生动有趣，"但它依然是一个枯燥、乏味又不安全的地方"。于是，"学生们总是在试图逃离，而走神就是他们逃离的唯一方法"。因为我们所采取的一切办法，"关心的是学习控制、管理学生，而不是去了解学生"。

长此以往，想要培养学生的批判性思维、创新精神，恐怕不大可能。

中小学是孩子的价值观、世界观、心理及人格形成的重要时期，如果他们耳濡目染的都是"标准答案"，就难免学会曲意逢迎，就会在行文时胡编乱造，睁着眼睛说谎……做教师的，如果不正视这样的问题，不鼓励学生在课堂上发表不同的意见，那么所谓实事求是，所谓独立思考，也就只能挂在嘴上，写在纸上了。

让学生真实的学习得以发生

要让学生真实的学习得以发生，最重要的是要"在学校允许的范围内给学生最大程度的思想、言语和行动上的自由，然后观察他们的行动"，如果"我们只是观察学生是否按照我们的要求行事，我们很可能会错过最有意义、最重要的事情"，在没全面深入观察了解学生的基础上所采取的自以为是的教学举措往往是徒劳的。那些表面上的热闹并不能说明学生的学习是真实的。如何使我们的教学举措符合学生的需求？"给学生越来越多的时间彼此交谈，或一起完成某个任务"，力求对学生的了解越来越多，比如他们的经历、想法和兴趣，就有可能慢慢找到一些具有针对性的教学策略与方法。做教师的如果能努力追求"在我教他们之前，他们先教我"的境界，都能确立在"教学生之前，先让学生教自己"的意识，或许我们的改变就有可能是可行的，有效的。学生逃离的动机或许也会减少。

教育教学难就难在它面对的是活生生的人，它区别于其他工作的最大特点是，人的复杂性与可变性是其他任何工作面对的对象无法比的。教师工作的关键是调动学生的激情，触发学生的动力，鼓励学生质疑批判。

我们总是自以为是地将自己的意愿强加给学生，而学生感受到的恰恰是压迫与恐惧，为减轻压迫与恐惧他们往往选择了迎合与逃避，这恐怕就是问题的症结所在。须知一个人尤其是在孩提时代如果习惯于觉察别人的心思，而放弃了自己的立场，成人后无非两种结局：一是顺杆爬，爬到一定的地位；二是碌碌无为，一事无成。这当中，恐怕第二种情况居多。但无论是哪一种情况，对一个民族而言，恐怕都不是一件好事。

做教师的要明白，"一个孩子如果能自然地学习，依靠自己的好奇心追求任何能增进心智的知识，而且可以找出一个适当的学习环境，没有恐惧和罪恶感，这将促使他在知识上的成长，并促使他热爱学习，培养学习的能力，同时，他选择了自己的方向，也成为社会需要的人"。要完成这样的使命，唯一的改变是"使学校和教师依照每一个学生的方式——满足他的好奇心的方式，以便能发展他的潜力，追求他的兴趣"，让"每个小孩子可以自由选择自己喜欢参与的项目，或保持不选择的意愿"，"而且他还可以从他周围和比他幼小的孩童的接触中得到更丰富的生命感受"。

努力帮助学生找寻逃离恐惧、挫败的工具与路径

某种程度上而言，是人，总有恐惧的时候，何况心智尚未成熟的中小学生。教育需要做的重要事情之一，恐怕就是试图帮助每一个人看到自己内心的恐惧、挫败感，并努力找寻逃离恐惧、挫败的工具与路径。问题是现如今的学校，除了教授枯燥的书本知识和应试技巧这些实际课程之外，似乎已经看不到孩子们本应有的走动、跑动、嬉戏、吵闹，尤其是从作为人生存必需的那些学校本应开设而实际上却没有开设的空无课程（如独立思考、批判意识、生活常识、生存技能、人际交往、情绪排解等），所以会有不少学生总是生活在一种企图摆脱、逃避这种现实而又无能为力的情绪中。

要帮助学生消除恐惧，老师就要设法帮助学生寻求心灵的慰藉，比如当学生发表了某种不同的意见，寻找到某种不同的答案的时候，无论对错，

当老师的都应该给予鼓励。学生的主要任务是学习，而有学习就有评价，有评价就有比较，有比较就有各种各样的心理落差。其实，不仅仅是成绩暂时不太靠前的孩子，就算是成绩拔尖的孩子，对学习总也有这样和那样的担忧，处理不好，就有可能形成恐惧。比如，这一次考得好了，就会担心下一次考得不好。而成绩暂时不是很好的孩子，则面临如何把成绩提高的问题，或者在努力之后反而对自己更加失望的情形。其实，如果我们能从多元智能理论出发，正视每个孩子不同方面的特长与缺陷，就会明白对不同的孩子用同一个标准来评价和比较，是不科学的，更是不公平的。教育需要做的是帮助每一个孩子选择自己擅长的、回避自己薄弱的，并创造机会让他们在不同的方面、不同的角度培养自己学习的自信和勇气。

要教给学生一些人际交往的智慧

人生在世，人际关系与交往是必须面对的，每个人都想做个讨人喜欢的人。课堂讨论与发言，其实就是一种人际交往的形式，可是并不是每个孩子都拥有交往的智慧。人际交往中所遭遇的挫折，往往给孩子的在校生活带来烦恼，他们慢慢就形成了交往的恐惧。要解除这一恐惧，就需要老师们教给孩子一些人际交往的智慧。其实，人际交往的智慧，就是要学会理解，学会换位思考问题，学会辩证地把握人生，最后还要实现自利与利人的互动，还有一点是懂得感恩，懂得回报。只是这样的智慧或能力，孩子不是一天两天就能学会的。但是，并不能因此而不去让孩子面对。只要孩子有交往的需要，就有交往的压力，或者说交往的恐惧，那么人际交往的智慧就是孩子所需要的。

一方面，至少学校不能总是像某些"考试工厂"的作息表那样，总是将学生的时间排得满满的，多少还是要给学生留一点自由的空间，神经绷得太紧，自然难逃恐惧。另一方面，可以在有意无意之中为学生提供生存技能的教育，比如如何独处与群居，如何排解与劝慰，如何沟通与发泄等，尤其是要在学生需要的时候指导他们培养眼下在学校生活和家庭生活中应知应会的基本生活能力，同时还有责任告知他们将来走上社会需要的那些生活和工作的能力。须知，当一个人无法独立应对当下生活中的困难的时候，当他无法想象自己如何应对未来生活的时候，恐惧自然也是难免的。

学校教育如果能将这些空无课程转为实际课程的话，或许孩子们的恐惧会少一点，至少当他们一旦身陷烦恼之中时，能够坦然面对，积极排解。

丰富的课外阅读，或许也是逃离恐惧的一种选择

有人说："在没有上帝的时候，读书会给我们救赎。"我的理解是，丰富的课外阅读，或许也是逃离恐惧的一种选择。读一本好书，其实就是在与一位品德高尚的智者在交谈，不知不觉中会受他影响。为师者需要提醒学生的是，求学，并不单单是学习课本上的课程，更为丰富的课程往往是课本之外的那些智慧之书（包括那些无字之书）。每一本智慧之书，都能打开一扇思维之门，问题是在阅读中要把自己融进作品的思想当中，如此才可能从中找到逃离恐惧的智慧，哪怕一点慰藉。

如果真要帮助学生逃离恐惧，以"伙伴语言"形式参与交往与讨论，学校教育，至少是从事具体教育教学的老师们需在自己可能的范围内，将人类生存必需的空无课程转为实际课程。

"21 世纪素养"需要在探索实践中完善

2016 年下半年有关部门在北师大举行了中国学生发展核心素养研究成果发布会，会议发布的《中国学生发展核心素养》，对学生发展核心素养的内涵、表现、落实途径等作了详细阐释。但网上立马出现了许多不同的声音。传得最厉害的文章认为，《中国学生发展核心素养》提出的"核心"，更像是"综合"，核心应该是最关键的要点，什么都囊括进"核心"的范畴，也就无所谓"核心"了，称之为"综合素养"更妥帖；核心素养无非就是"人文底蕴"和"科学精神"，少一条不行，多一项多余，应以"人文情怀"代替"人文底蕴"；"学会学习"不是核心素养，只能算是一种能力；"健康生活"更不像是核心素养，是一种期望的生活状态；"责任担当"已经包括在"人文情怀"中，"实践创新"是"科学精神"的题中之义，科学精神需要"实践"，但也包括"创新"。总之，这 6 句 24 个字的"核心素养"内涵，让人感觉内容平淡、同义反复、互有重叠、立意肤浅，且语句浅易、文字粗糙、浅白简陋……

也有人认为，定稿比征求意见稿瘦身了不少，更方便记忆和操作。不足之处是，该核心素养中国特色彰显并不鲜明，有点放之四海而皆准。有些素养指标概念层级关系不清楚，如人文底蕴改为人文素养，科学精神改为科学素养可能更恰当。需要明确的是核心素养不是唯一中心素养，而是多元素养；是每个人接受教育之后所必须具备的关键素养、基础素养、共同素养，而不是高标素养、个性素养。核心素养还是一个变量，有层次之分，也会因时、因地而呈现出不同的特征。

可以看出，这两种观点无多大差异。

尽管我们也知道中国学生发展核心素养研究成果发布会意味着关于中国学生发展核心素养的讨论已经尘埃落定。但上述异见触发我们思考的是，既然是历时三年的研究，是不是可以更严谨一点、科学一点？

是"核心"还是"关键"

"核心"，《现代汉语词典》的解释是：中心；主要部分（就事物之间的关系而言）。解释为"中心"，简单地讲就是一个点，显然《中国学生发展核心素养》总体框架选择的不是这个义项。那就是选择的"主要部分（就事物之间的关系而言）"义项了？恐怕也不是，因为从该框架所描述的"三个方面""六大素养""十八个基本要点"来看，其论述的内容显然不是事物之间的关系。

褚宏启教授在《核心素养的概念与本质》一文中说："核心素养"这个概念舶来于西方，英文词是"Key Competencies"。"Key"在英语中有"关键的""必不可少的"等含义。"Competencies"也可以直译为"能力"，但从它所包含的内容看，译成"素养"更为恰当。简言之，"核心素养"就是"关键素养"。褚宏启教授在该文中也说，21 世纪素养的研究始于美国。2002 年美国在联邦教育部的领导下，成立了"21 世纪素养合作组织"，该组织制订了《21 世纪素养框架》，2007 年发布了该框架的更新版本。新加坡和日本受美国影响较大，新加坡教育部 2010 年 3 月颁布了《21 世纪素养》，日本国立教育政策研究所于 2013 年 3 月发布了题为《培养适应社会变化的素质与能力的教育课程编制的基本原理》报告，提出了日本的"21世纪能力"。崔允漷教授在《素养：一个让人欢喜让人忧的概念》中则说：素养即 competence，本来不是一个教育概念，是哲学、心理学、社会学、政治学和经济学领域一直在用的一个术语。它有很多理论取向，但没有一个独立的概念框架。从英译中来看，按其原意，该词译成"素养"比较勉强，译为"胜任力或竞争力"也许更合适。

因此，时下备受关注的"核心素养"比较妥当的表述，大概是"关键素养""21 世纪素养""关键技能""21 世纪技能"。否则我们无法理解"三个方面""六大素养""十八个基本要点"这样的框架。既然林崇德先生也有过"核心素养是所有学生应具有的最关键、最必要的基础素养"这样的表述，为什么偏偏要冠以"核心"而不是"关键"或"基本"呢？"核心"或许也是"一个让人欢喜让人忧"的表述。

谈"核心素养"必须回到教育的根本价值

如果一定要讲"核心素养"，我以为还是要聚焦在一个点上，至于由这个点派生出多少方面又是另一回事，聚焦到一个点上，至少从逻辑上来看，在概念的界定与理解上可能会贴近常识，也有助于人们的理解甚至记忆，当然我并不希望这些概念是供人记忆的。我曾在《谈"核心素养"必须回到教育的根本价值》一文中与王竹立教授有过这样的商榷，如果将"核心"理解为"中心"，那就只有一个，多中心必将无中心。如果从事物之间的关系看，核心是指事物最主要且赖以存在和发展的那一部分，既然是一部分，这部分就应当是一个整体。既然核心素养是回答"培养什么人、怎样培养人"的问题，就要回到教育的价值上来。从"立人"的角度来看，教育的目的主要是为学生的生存奠基或者说提供帮助。要生存，就要面对各种未知与挑战，要应对这些挑战，自然需要"信息素养、思维素养、人文素养、专业素养、身心素养"……但一个不能"自由思想"或者说不具备独立思考与判断能力的人，又如何调动这许许多多的素养与技能呢？当我们探讨所谓核心素养的时候，除了发散，恐怕更为要紧的是聚焦，要探讨个人立足于社会与人世间最为要紧的那个点，也就是所谓"核心素养"。王竹立教授在他的《我的教育理念》一文中是这样回应的："其实凌宗伟先生与我的观点并无矛盾，如果一定要将核心素养聚焦在一点上，我同意他的观点，那就是'独立思考'应该是一个人最重要的素养。"也就是说，"核心"，至少是"最重要的"，"最重要的"多了，恐怕就不那么重要了。所谓"最重要的"，换个说法不就是"关键的"吗？

关键是如何落地

既然关于"核心素养"的讨论已经尘埃落定，无论有多少异见，恐怕也难以改变已经敲定的"三个方面""六大素养""十八个基本要点"了。作为实践层面的学校和老师，更为关注的恐怕就是这"三个方面""六大素养""十八个基本要点"如何落地的问题了。

美国学者特里林、菲德尔合著的《21世纪技能》中有这样一个观点："标准的制定旨在回答这样一个问题：我们的孩子应当学什么。"如果说《中国学生发展核心素养》已经回答了"我们的孩子应当学什么"，那么接下来需要研究的就是如何促使学生形成这些素养或技能，以及对学生的学习活动如何考核评估、及时反馈的问题了。在《21世纪技能》中有一张21世纪学习框架图或许对我们接下来的探索与实践会有所启发：

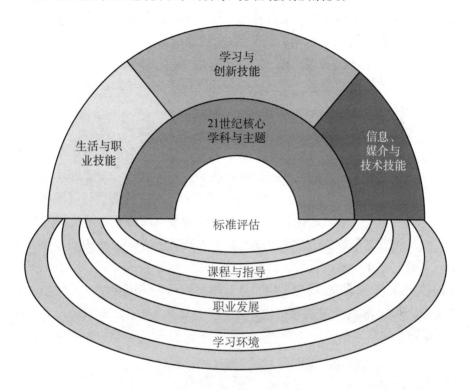

关于课程与指导，我以为重点在课程的实施过程中对教材的选择与舍弃，简单点说，就是并不是教材上有的都要教，都要学，教材上没有的，就不需要教，也不需要学。从教师的角度而言，课程的实施关键是指导学生学，从学生的角度而言是在学习的过程中学会学。大数据时代，教师更多要做的是，指导学生如何将各种学习方法与直接的学习有机结合起来，形成一种适合自己的课程，一种建构与解构相结合的、有助于形成属于自己的理解力、创造力与批判精神的以及其他相关素养或技能的课程。这当中的难点恐怕在于如何设定学生感兴趣的、有助于发掘他们潜能、彰显他们个性的学习项目和序次或梯度，以有利于学生的逐级攀升与不断提高。

至于教师的职业素养，我以为面临的挑战依然是评估，最重要的是，如何由评判者转向学习者的问题。为人师者最要紧的还是要不断地学习，在学习中掌握新知识、新技能——重要的是要在课程内容、评估方式、评估标准以及学习环境的改善等方面进行探索与思考，以不断增强学习力与支持力，在不断地学习中学会舍弃与重建，努力使我们成为真正意义上的专业人士，能像专业人士一样工作。换句话说就是，要使"三个方面""六大素养""十八个基本要点"落到实处，在教学过程中教师更多要做的是与学生分享自己的所学所思，用自己的行动支持学生的学习，而不只是学生学习的评判者。

21 世纪已经步入大数据时代，无论是成人还是孩子，人们的学习行为都已经发生了变化，尤其是孩子，他们更多的学习行为已经不单单发生在学校中、教室里了，人们的学习正慢慢成为一种无时不在、无处不在的行为，"教育即生活"已经成为一种实际的状态。这种变化必然使得原有的学习环境面临挑战。学校必须解构原有的教学环境，积极建构适应即时学习的环境，以适应人们变化着的学习行为。"用于项目学习、小组发言、个人学习与研究、在电脑前进行团队合作的空间，以及表演空间，用于做实验和设计项目学习的实验场所，用于进行体育运动和休闲娱乐的场所等，必须全部纳入 21 世纪学校教育的设计方案中。建立灵活的、必要时可以改装的'学习工作室'……"

多用"第 3 选择"

我的建议，首先是融合，多用"第 3 选择"，即你有一个选择，我有一个选择，既不用你的选择，也不用我的选择，商量看看有没有"第 3 选择"，教师跟管理者之间、学校跟政府之间、校长跟局领导之间、老师跟学生之间、学生跟学生之间……广泛地收集各方面的信息，把它们融进来，思考思考有没有第三种可能；其次是转化，从需要和可能出发，做不到的，不要去做梦，一步一个脚印地行走，努力实现经过努力可以达成的目标；第三，要探究学校跟社区之间的合作，老师跟学生的合作，课程跟环境的融入或者匹配；第四，我们能做的其实就是改善，今天处在一个知识爆炸的时代、云时代，有好多我们不知道的，我们只能是在做中学，在学中做，谁都没有把握真理，教师能做的、学校能做的，就是探索实践与坚持指导，在探索与实践中完善，在探索与实践中坚持对学生的指导。

作为教师的自我重建

在大数据背景下，"核心素养"框架下，教师该如何应对？我想，读读法国著名社会学家阿兰·图海纳的《我们能否共同生存？——既彼此平等又互有差异》或许可以找到答案。这是一部颇有影响的社会学著作。作者从当今社会发展的特点出发提出了这样的思考："在一个不停变化着的、不可控的世界里"，"我们能否共同生存"？

把自己的经历变成一种作为社会参与者的自我成长的过程

从教育视界来看："在小学里，师生关系依然是最重要的，学生的定位取决于与老师的关系，在中学里，青年人开始走出学校文化，在高中阶段，他们生活在被两个世界争相撕拉的状态：一个是日益临近的必须获得毕业文凭的专业生活世界；另一个是学校里自由发展的，但与学校文化格格不入的，而且对于老师来说似乎是不可思议的或具侵犯性的青年文化世界。职业的和技术的世界与认同的和社群的世界是相抵触的。"这样的抵触，在当下这个文化多元、信仰缺失的状况下似乎越演越烈，其突出表现就是师生冲突，同学之间的相互施暴时有报道。我们如何才能共同生存？

阿兰·图海纳强调唯有"把自己的经历变成一种作为社会参与者的自我成长的过程，除了个人的努力以外便无他途可寻"。时下教育的一个重要责任就是要让师生明白，在这个文化繁杂、价值多元的时代，尽管每个人对世界的理解和认识不同，每个人的需求也不一样，但为了共同生存，我们应当明白，"个人的人格是通过他所担任的社会角色的反思而形成的"，作为个体，需要做的是从他人观察个人扮演其社会角色的立场反思自己的言行，因为理解"社会角色都与共同的权力形式、共同的规范和道德标准有关"。切实尊重个人的和集体的自由，使各方面的利益都能得到体现，对各种不同的价值取向和不同意见持宽容态度。所谓"海纳百川，有容乃大"其实说的也是这个道理。

别总是怀念过去，留恋自己

今天的教师，不能总是怀念过去，留恋自己"所扮演的既传授知识同时也传授民族和社会道德规范的'师傅'角色"。因为在今天随着互联网社会的进一步发展，"这一切都在迅速变化着，而且已近乎消失"。随手拍技术，随时随地可以将我们推向舆论的风口。如果我们还是念念不忘"师道尊严"，就无法容忍学生那些看似搞怪无理实则源自自然的言行而下意识地"以暴制暴"。

我们之所以无法容忍当今学生这样那样的"无厘头"，是因为我们都"十分珍惜自己已有的职业，而且我们越来越经常把自己的学识和思想运用于我们的活动中，但是，在一个受金钱竞争和技术统治的经济世界里，我们仍感到工作并不重，关键的问题是：处事要灵活、要有竞争心和应变能力；许许多多人就是被这三条搞得精疲力尽的"。要让我们始终保持清醒的头脑，不被"处事要灵活、要有竞争心和应变能力"搞得精疲力尽，"需要在我们的私人生活中找到支撑点，才不至于被大众社会既诱人又庸俗的信息搞得心绪不宁"。须知，"主体除了它自身的生产以外没有别的内容。它除了自身的需要和在一个动荡的、没有秩序和失去平衡的世界里保护自身不被支解这个愿望外，不为任何事业、任何价值、任何别的法则服务"。

自我重建显得尤为重要

我以为，作为教育者，在今天自我重建显得尤为重要，"因为个人是不能忍受与自身分离或置身于双重从属地位的"。于是我们就要力求自我重建，重新获得"独一性和这种独一性的意识"，努力将自己看作"意识和变化的创造者"，"社会关系和政治制度的创造者"。更需要清醒地认识到，"既彼此平等又相互差异"才是我们可以共同生存的基本法则。为了避免愈来愈严重的学校生活危机，作为教师千万不能"为了保护自己，动不动就拿学校的校规去压制那些来自下层的或危险的社会和文化环境的学生"，我们更需要警惕的是将自己"扮演成一个雄心勃勃的、虽具有更多的创造性但却更加危险的角色"，最终将自己推到一个万劫不复的境地。这样的教训已经很多了，如果我们依然无视这变化着的世界，何以共同生存？

自我重建，需要"舍弃学习"。批判教育学有个观点：你现在所言即已过时。琼·温克在《批判教育学》中谈及"舍弃学习"的时候有这样一段文字：

作者的祖母曾经告诉她，一切美好的东西，就像一个大熔炉。苏族印第安人跳进了这个大熔炉，因为他们想成为"好美国人"，他们试图按照大熔炉灌输给他们的对错好恶来行事，"结果放弃了自己的语言、传统、信仰，而且在许多情况中还放弃了他们他们自己的灵魂。当他们跳进那滚烫的熔炉中时，被煮掉的东西太多了"。他们想像"好美国人"一样思考、一样行动，但无论他们怎样努力，他们终究没能成为"好美国人"。于是琼·温克终于意识到，"这个熔炉涉及的其实就是权力"。这权力只能对"好美国人"起作用，但对那些印第安人却起不了作用。

无论从种族还是文化的角度来看，他们原本就是印第安人，最多也只是美国的印第安人。既不能回归原来的生活，又未能融入"好美国人"的生活。你在种族与文化上与"好美国人"原本就不是一回事，你再努力也成不了大熔炉里的人，相反你还丢掉了自己。

从这个角度来讲，我们往往被"读书改变命运"给忽悠了，我们总是片面地认为读书会让我们的命运变得好起来，却忽视了这改变也许会恰恰相反。

我以为琼·温克用这样的例子想说明的就是，"舍弃学习"应该是批判教育学的重要组成部分，当我们有了自己的批判教育学以后，我们就会发现，原来我们以往强迫自己和学生所学、所记的东西，往往是会害了我们自己和学生的。当我们意识到这样的问题，我们才可能有意识地进行"舍弃学习"，舍弃我们以往那种为了达到某种"好"在固定的课程下学习的内容，或者为了进入所谓的"好"而抛却自我的学习。从这个意义上讲，舍弃学习会使我们每一个人更清楚地认识到，我就是我，无论怎么努力，永远也不可能成为你，也不可能成为他，许多时候，守住自我才是最重要的。要不然我们就可能成了想成为"好美国人"的苏族印第安人。舍弃学习，舍弃的只是我们已经掌握的知识和我们身上固有的某些劣性，而不是让我们舍弃我们身上固有的优势和良知。也就是说，有舍弃大熔炉式学习的勇气，跳出他者以权力为我们设定的所谓"好"的标准。

在自己的教育生涯中努力抛弃已经掌握了的知识

舍弃学习的另一个意义则是，教师作为一个学习者，必须在自己的教育生涯中努力抛弃我们已经掌握了的知识，因为那些知识有许多就是他者权力的产物。我们要舍弃这些他者权力的产物，就要花费更多的精力给自己增加新的知识，当然，对任何一个人而言，要舍弃原来学习掌握的知识是相当痛苦的一件事情，这样的情形下，需要更多的就是勇气，一种同旧知识、旧文化抗争的勇气。知识更新的困难就在于我们以往所学习掌握了的东西，对我们来说不仅早已经顺应了，很多时候的感觉还是很舒服的。比如说，我们以往理解的教，就是"我教，你学"。因为在我们的字典里，教，就是"上所施，下所效也"，"我"说的就是知识，就是对的，作为学生的"你"，就只能接受和服从。

在我们的学校里，规定的课程控制了我们的语言，控制了我们的思想，我们这些教师和学生的语言，成了受限的语言，我们的思想，也就随之成了受限的思想。于是，我们的主见没有了，思想没有了，甚至我们的躯体也没有了。我们有的只是上意，只是同一个声音。然而可悲的是，即便我们彻彻底底丧失了自我，我们还是不能成为统一标准下的所谓"好"。

尽管如此，我们的那些考试工厂还是大言不惭地宣称我们是在"培养"人才，"为让一个群体在生活中得到更高的地位而做的准备工作"，但是我们却怎么也认识不到我们所谓的培养实质上是"相当于让一个群体行进在平坦的高速公路上，而让另一个群体行进在崎岖的山路上。当高速公路上的群体首先到达时，他们便认为自己抵达那里是应该的，因为他们更加刻苦，更加聪明"。可是当我们用批判的眼光来看这"培养"的时候，我们就会发现，我们不顾及道路平坦与崎岖，不顾及车辆的型号而按统一的标准速度行使，是多么的荒唐可笑。

舍弃学习的艰难，也许就在这里，同样，舍弃学习的可贵也就在这里，因为当我们舍弃了学习，我们就会发现，原来在我们的天空外面，还有更为广袤的天空。

用琼·温克的话来说，"舍弃学习涉及改变观点、信念和假定。舍弃学习就是打开一些陈旧的包裹"。

在回归"教育的本意"下寻找理想的课堂

　　乔伊斯和韦尔在《教学模式》一书中指出："教学模式是构成课程和作业、选择教材、提示教师活动的一种范式或计划。"将"模式"一词引入教学理论中，本是想以此来说明在一定的教学思想或教学理论指导下，建立起的各种教学活动的基本结构或框架。通过"教学模式"的研究，指导人们从整体上探讨教学过程中各因素之间的相互作用和多样化的表现形态，以动态的观点去把握教学过程的本质和规律，同时对加强教学设计、研究教学过程的优化组合也有一定的促进作用。

远离教育本意的"模式化"

　　可是，当我们反观当下盛行的那些"模式"，大多离不开那些违背教育教学规律的清规戒律：或者规定讲几分钟、练几分钟，或者规定课堂上一定要怎么做、黑板怎么挂，等等。然而，当我们认真研究一下《教学模式》，就不难发现，这已经远离了乔伊斯和韦尔将"模式"一词引入教学理论的本意。

　　现行的教育不容乐观的原因其实也正在这里，我们的教育与教学在很多时候就是将学生培养成机器人，应付考试的机器人。我们的课堂教授的主要就是那些解题方法、应试技巧，这些所谓的方法与技巧看起来很有道理，也很科学，可事实上学生未必能够考得很好，于是乎，训练就成了我们的法宝。很多时候我们的教学除了讲题目，就是做题目，考题目。学生就在题海中变得越来越平庸，越来越温顺了。个性与智慧、创造力与想象力也就在这其中慢慢丧失了。

关于教学模式，我想，我们还是应该把它和教学原则、教学方法联系起来看。所谓教学模式，尽管是一个工作的流程，但一定是个性化的。如果这个模式许多人去用，那就叫模式化。模式化是干什么的？模式化是生产零件的。张三拿去用，李四拿去用。模式和模式化的区别就在这里。

做教师的呢，也就在这样的"教学"中疲于应付，每天面临着上级的考核与排名，在考核与排名中忘记了什么是教育，谁也不会再去想教育的本意是什么了。更为可怕的是，那些新手进入教育行业用不了几年也很快丧失了原本的智慧而变得庸常了。每日里忙忙碌碌，辛辛苦苦，面对来自各方的指责，很少思考原因何在，或者埋怨体制，埋怨考试制度和考核机制，谁也不会去想造成今日之现状我们的责任何在。

教育的本意在哪里

费尔南多·萨瓦特尔在《教育的价值》中指出："人文主义教育的目标，并不是让新手认同那些不可更易的信条 / 教条、永恒的常规 / 习俗，而是教给他们改变自身，不让自身崩溃，不自我指责，不失去给自己持续创造一种好生活的能力"，而事实上呢，"在那些成功地推行义务教育的地方，也是随处都可看到学业失败、像官僚机构一样冷冰冰的教师、课程变化不定，可能其中一个比较有问题的目的就是，将新手转变成平庸的、温驯听话的机器人，服务于万能的 / 全能的既定权力，受其阉割，任其宰制"。

费尔南多·萨瓦特尔指出："教育的本意并不是去传递父母接受和认可的知识与经验的总和（这些东西父母完全可以与孩子个别交流，即便是反对既定的教育，父母与学校之间的对话也总是相当具有教育意义的），而是去传递最基本的为社会所接受和认可的文化内容。孩子进入学校，是为了接触其所生活的时代的知识，而不是为了验证或确证其家庭（其父母）所持的观点。"可应试教育猖獗的学校教育事实上很少去关注孩子们所生活的时代的知识，更多的则是在灌输那些僵化的、过时的知识，考试成绩实际上已经成了衡量学校教育与学生成就的唯一标准了，这就怪不得那些家长不让孩子进入学校学习的选择了，更何况互联网已经让人们足不出户也能尽知天下事成为可能，"他们相信自己有能力教给孩子们过自己想要的生活真正需要的东西"，"或者他们能够找到私人老师来熟练地完成这一任务"——让孩子"不失去给自己持续创造一种好生活的能力"。

早年自由主义无政府主义者代表戈德曼、费勒、托尔斯泰、尼尔和赖西等在对官方学校批评的基础上对自由学校进行勾勒，这对今天的教学的启发意义在于：学习是一种文化过程而不是教育过程。在自由学校里，学生的学习不是强加的，是自觉吸纳有关力量的一种文化过程，学习者选择的是他们想学的东西，而不是别人让他们学的东西，或者说他们不会按照规定的课程和教材来学习，也不会按照教师的统一要求来学习，他们所学的一定是他们需要的。托尔斯泰提出了自由学校的"非干涉原则"，在这样的原则下不仅学生有自己的自由选择，教师一样有自己的自由选择，前提是根据学生的需要，学生需要什么课程就得提供什么课程，教师的角色就是帮助学生探究和掌握他们感兴趣的课程，帮助他们更好地认知社会和世界。这样的学校也许在现实中只是一种梦想，但是创办于1921年的夏山学校、创办于1972年的伦敦白狮街自由学校，以及美国科罗拉多州杰弗森郡开明学校的实践，已经为我们提供了这样的梦想成为现实的案例。或许这样的梦想对我们从事教育实践的个人而言，多少也具有某种启发。

不可回避的"法"与"技"

在当下的教育实践中，我们更多地着眼于"法"与"技"，因为我们总是认为，世间万物皆有章可循，有法可依。所谓"没有规矩，不成方圆"，教育，也是如此。我们对教育的思考和完善，很大程度上即是对其本身所蕴藏的规律和章法的求索，但一种常见的现象却是：在得之皮毛或初窥冰山一之角后，往往便涌现某某论、某某说、某某模式之宏篇大论，以至于各类学术派系林立，使人目不暇接，更何谈"甄别"二字！所以，复制者往往大呼上当，或嗤之以鼻，"不过尔尔"，或改弦易张，不了了之。

时下的教育研究，最注重的恐怕就是"法"与"技"了，然而即便如此，我们的研究路径是不是正确的，恐怕也值得反思，刘百川先生在他的《小学教学法通论》中，同样关注的是"法"与"技"的研究。

怎样研究教学法呢？我们知道教学的对象，是学习的人，研究小学教学法的对象，就是一般年幼的儿童。在我们未教学以前，我们先要问：这些儿童的生活需要是什么？生理发育怎样？应该怎样适合他们的生理发育？他们的心理历程是怎样的？怎样可以使他们心理不受戕害？儿童幼年的兴趣怎样？怎样满足他们的兴趣？儿童的个性怎样不同？怎样去适应个性？……这样累千累万的问题，我们必须先去研究出一个结果，对于儿童，才能了解，才能实施教学，教学才有根据。想研究这些问题，我们还需要回到儿童心理学、生理学、伦理学去，必先研究这些基本的学问才能解决这些问题。还有些地方要有测验与统计的知识，才敷应用。照此看来，我们可以说："教学法的基础，完全根据科学的方法。"不但这样，当实行教学的时候，必定也用科学的方法来计算、来规定，才没有盲人骑马的危险。还有当实行教学时，有一种艺术的手腕，也是很重要的。因为教学法，最能使我们收到效果的，还在于我们自己的运用。教学法再好，如果不能运用得法，也不能提高教学的效率。……因此我们就得出一个结论：教学法的研究，一要用科学的方法，二要用艺术的手腕。不过我们预先申明：艺术手腕，往往要研究教学法的人自己去心领神会，没有什么一定的规范可循，且也不必有一定刻板的形式。我们以后所要研究的教学方法，重在科学上的学理与证据了。

在教育本意下的探索与思考

育人者常常摸索着行进在荆棘丛生的教育改革之路中，过分强调眼前的得失利害，不断演绎新的方法论和世界观，不断颠覆和批判原有的价值体系，却忽略了这一切的目的——育人。育人的核心是什么？是创造性和能动性，而非在别人思想模子里刻出一代又一代的高仿品、劣仿品、次品、废品。找准目的，才有的放矢。

这就回答了我对"讲学稿""导学案""活动导学单"之类的思考：为什么要去模式化。如果有模子、模板，或模式，这些或大或小的"紧箍咒"套在学生的头上，他是无论如何都逃不出你的手掌心的。中国人民大学金正昆教授有一句口头禅："世界具有多元性。"我想作为"世界"的一部分，孩子也应有"多元性"吧！甚至教师、校长也应该具有"多元性"——既如此，以"有限"的模式套孩子、教师、校长"无限可能"的"多元性"，恐怕就缺少足够的理性作为支撑了，最终只能"作茧自缚"。

也许有人会问，选择去模式化，对学生的学总不能放任自流吧？从这个角度来看，在教师专业的"初级发展阶段"是应有个"过渡形态"的，这形态以模式为抓手也未尝不可。既然是教师专业的"初级发展阶段"的抓手，它就不该适用于所有教师，即便是为新手提供帮助，也应该有利于学生发展的"以学为主，以教为辅"的教学理念的支撑。

至于"先学后教"之类的思路，我也不以为然，因为不是所有学科都可以如此设计的，有些就应当"边学边教"，有些就应当"先教后学"，甚至还可以"互学互教"，如何教、怎样学都要看具体科目、具体情况而定。我们必须明白的是，课堂教学原本就是一个动态变化的过程，许多情况是"现场生成的"，正因为这样，教和学才有了想象的空间和发展的可能，学生也无需对教师总是唯唯诺诺，完全可以有自己的合理主张和价值判断，因此课堂便显得灵动和富有不可预测性，生命的活力便彰显出来了。这对教师的生命成长同样富有挑战意义。此外，教师还需要预设在课堂中可能出现的种种意外，这些对具体教师来说也是"动态生成"的，而如何把握好、运用好"动态生成"就成了课堂教学的亮点所在。

也许许多教师并非不重视"动态生成"，只是限于知识、经验、能力的掣肘，需要一个"过渡形态"来摸清楚教学的基本要素：课堂教学的各个环节、各个注意点，如何分清轻重缓急，如何做好起承转接。在运用模式渐渐明晰了这些基本的方法以后，教师就应当花大力气让自己摆脱模式的思维定势，根据实际需要来确定教学策略，选择教学方式与方法。理想的教学，就应当是根据学生的实际需要来的，教师在教学过程中也必然随着学生状态的转变、改善、成熟而转变、改善、成熟。这就是所谓的教学有法，教无定法。用我的观点来说，理想的教学，应当是"遇物则诲，相机而教"。模式绝不是理想课堂的追求，也同样不是成为理想教师的锦囊。

教学不是一种模式就可以应付得了的流程

古得莱得在《一个称作学校的地方》一书中说："小学课堂比中学课堂有更多样的教学活动，小学教师时常改变学生分组的形式，甚至偶尔变化教学内容和教学方法。中学教师很少在他们的课堂里针对学生个人需要进行教学。"这与当下中国教育的现实与成因也是吻合的。无论是我们平日所看到的常态课，还是各种"公开课""研究课""示范课"，确实也是小学的课堂远比初中的课堂热闹，初中的课堂又比高中的课堂热闹。

我们总认为这是由于小学生天真淳朴，中学生成熟稳重，加之小学教师相对于中学教师而言，擅长"煽情"的缘故。其实，很少有人反思中学课堂暮气沉沉的原因是教师思维僵化、创造力缺失。

我们都是做教师的，许多时候，总是会对一堂课作这样那样的预设，结果当我们临场了，这些预设往往是用不上的，更多的倒是在与学生和文本的互动中迸发出我们原来根本没有想到的一些火花。关键是我们能不能及时捕捉这些火花，在与学生的碰撞中产生某种美好的教育意蕴。这个过程，才是所谓的"教学"，它是一种创造。

可能是由于"某种困难"和"不想做"的缘故，或者是急功近利的社会风气，我们总是希望从其他学校和其他老师那里直接拿来一种可以复制或操作的模式与方法，然后"以静制动"，顶多作些局部改变，或者"依样画葫芦"，试图以此"摆平"一切。很显然，这种"一劳永逸"的教育哲学必然使教学走向它自己的反面。

教学是在某种具体的教育情境中展开的

教育教学需要技术，也需要理论，但是技术与理论的应用不应该是机械的和固化的，即便教育哲学也是如此，它所揭示的也只是教育的一般规律和原则，规律和原则其实就是一种大方向，而不是具体情境与细节。事实上，我们的每一个教育行动总是在具体的教育情境中展开的。诚如马克斯·范梅南在《教学机智——教育智慧的意蕴》一书里所言："教育行动所需的知识应该是针对具体情境而且指向我们所关心的具体孩子。"

比如，我们每天活动的校园和教室，其中的人与人、人与事之间的关系，无时无刻不在变化着。尤其是我们面对的那些孩子，他们的遭遇与心境总是处在变化之中。当然，作为教师，我们每天甚至每个时刻的遭遇和心境也是不一样的，而教育的时机就处在这样的不断变化的情境中。这种变化的情境需要相应的教学方式。

也就是说，我们面对的教育时机往往是稍纵即逝的，所谓教学机智，就体现在我们是不是抓住了这稍纵即逝的一瞬间，并采取积极有效的教育行动，甚至是有意识的"不行动"。这个时机的把握，除了有一个教育的维度，还有一个"儿童的维度"，即善于设身处地地站在儿童的立场来看问题，以促进儿童的发展作为其中的重要条件和尺度。

具体来说，就是必须尽可能地搞清楚，我们面对的具体的学生具备怎样的能力，有些怎样的遭遇，他的家庭背景如何，他所接受的家庭教育怎样，等等。如果我们不管不顾，盲目仿效某一模式，那么所有的教学都可能劳而无功，甚至会适得其反。从这个角度来讲，情境不是"创设"的，而是基于当时的具体情形的，其特征就在于它的"活性"和"灵性"，若是我们总想把情境也固定下来，它就成了模式的翻版和变形了。

"教育学的行动和反思就是在于不断地识别对于某个具体的孩子或一群孩子来说什么是好的、恰当的，什么是不好的、不恰当的过程。"如果没有这样的认识，就自然会不顾教学情境和具体学情，而是按着某种模式，生搬硬套，将学生、学习死死地摁在某个固定的轨道上。

从"教学设计"入手实现有效教学

我们都想通过有效的教学管理提升学校的教学质量，但在实际的教学中，我们又大多关注的是应付中高考的"术"，而很少关注"道"，于是花样繁多的一校一式的"教学模式"建构变得时髦起来，而且这种"教学模式"研究已经越研究越狭隘了：一堂课要分几步，甚至每一步花多少时间，都有明确的限制与规定，每个学科、每堂课都是这么几步走下去，不仅使教师教得索然无味，也使学生学得了无生趣。

将教学研究重心放到教学设计上来

浮躁的研究风气盛行的原因之一是我们的研究往往缺乏系统的教育科学理论的指导，尤其缺乏适合个体特质的理论指导，视角总是停留在如何提升学科教学的质量上，往往习惯于就教学研究教学，很少有从教育的性质与价值出发，探讨提升课堂生活质量的意识。另一个极端在于研究的问题往往显得空泛，找不到符合学校实际和自身实际的视角，尤其是在教学设计和实施中，不是盲目，就是随意（或者迷信某种教学模式，或者依赖所谓"集体备课"达成的统一教案），缺乏个性化的、系统的、符合学科特质的教学设计与实践思考。如何从学科的性质与价值出发，在全面思考学科的"教学目标的设定与陈述、教学重点与难点的确定、教学策略与方法的选择、教学媒体与技术的运用、教学过程的监控与反馈、教学个性与风格的形成"这一系列的问题上，费力不少，成效不大。如何走出这样的困境？我的建议是，将研究重心移到教学设计上来，而不是将重心放在所谓

"教学模式"的建构上。

美国人 C. 亚历山大等人著有《建筑模式语言》，书中罗列了 253 种建筑模式语言，作者建议设计师可以把这 253 种模式语言汇总为一个整体，作为一种语言来掌握，就可以创造出千变万化的组合，作者只是将这 253 种模式的每一个问题和它的解决方案摆在设计者面前，设计师可以根据自己的判断作出选择，并对它加以修正，但要抓住它的实质。那么这 253 种建筑模式语言的实质是什么呢？那就是"以人为本"。建筑模式语言，跟我们今天要讨论的教学设计又有什么关系？我以为"以人为本"的建筑模式语言，与教学设计在本质上是相通的，教学设计要的也是"以人为本"，这样一想，教学设计是不是也可以建构出相应的模式语言，供教师们将这些模式语言中的种种当作一种语言来掌握，去创造出千变万化的组合呢？如果教学设计也能像建筑设计那样，将前人设计中关心的那些问题梳理出几百种模式语言让老师们将其作为一种语言来掌握，是不是可能创造出千变万化的组合呢？

幼年时我们或许玩过积木，或许你的小孩子正在玩积木，积木不就是那几个模块吗？当这些不同的模块以不同的形式组合起来的时候，就会产生不一样的作品。建立在建筑模式语言或者教学模式语言基础上的设计，是不是有点像拼装积木？这给我们的启发是，设计不是固化的，而是动态的、变化的。教学设计要解决的基础问题是不是也如建筑设计那样可以寻找出自身的模式语言来供同仁去掌握与选择？事实上，不同的教学模式，有不同的优点和缺陷，具体的实施方法与路径也不一样，同一个模式，对于不同的人来讲，理解和解释也是不一样的。你用你的理解和判断去诠释，他用他的理解和判断去诠释，但都不能有违教学设计"以人为本"的本质。

教学的目的是帮助人们学习

加涅等人在《教学设计原理》中强调"教学的目的是帮助人们学习"，"教育系统的功能之一就是促进有目的的学习，以便达成许多在没有教学的情况下可能需要更长时间才能达成的目标"，他们"把教学定义为嵌于有目的的活动中的促进学习的一系列事件"，"这些事件是外在印刷页面的呈现、教员的讲解或一组学生活动中的事件。但也存在着内部的心理事件，如指引注意、复述、反思与监控进展情况。教育心理学家假设了这些事件的性质，从那些研究中导出了关于学习的原理。教学设计者运用这些原理来设计"，将其称为"教学的外部事件"。与建筑设计不同的是，教学设计不单单是为建筑工人按图施工，而是希望"对教学进行计划以使学生参与到那些促进学习的事件和活动中"，使"教学更可能有效"。注意，教学设计的取向是"使学生参与到那些促进学习的事件和活动中"去。

就如每一位建筑设计师可以从253种建筑模式语言中选择自己认为有用的模式形成自己的设计语言一样，每一位老师也可以在已有的教学模式语言中找到自己需要的模式语言，形成自己的设计语言。但无论你如何选择，都不能背离教学的本质——从需要出发，立足于学生的发展。教学设计的每一个环节之间，都是有关系的，尽管每个环节有可能是独立的，但却不是孤立的，是有其内在的逻辑关系的。在教学目标的统摄之下，教学内容的选择，教学重点难点的确定突破，教学路径和方法的选择，教学流程的展开，以及课程资源呈现的技术与时间，是有考究的，是需要精心设计的。

要善于整合与开发资源

一位好老师就如一位好建筑师一样，你要在现有的模式语言基础上形成自己的设计语言，你就要有一定的跨界意识。语文教师只关注语文，就会有意无意地把自己圈在语文这个圈子里，数学教师只关注数学，同样只会将自己圈在数学这个圈子里。一个好的设计师，不仅要懂得如何设计，更要懂得如何整合与开发资源。无论是建筑设计还是教学设计都要在一个系统的框架中展开，建筑设计的框架是城市规划，教学设计的框架是学科性质与课程标准，任何一个设计都不是孤立的，更不是随意的。两者的区别在于建筑设计是用于指导建筑工人施工的，教学设计是帮助学生学习的。一个理想的教学设计是在充分考虑学生实际的基础上从学生出发的。学生的学习态度、学习习惯、学习基础在一定程度上说就是教学设计的起点。我们的教学设计往往很少关注学生的学习水平。为什么我们教的成效不好？因为我们所教的与学生的思维、学生的状态不同步。我们总是把问题想得那么简单，这些问题对我们确实不是问题，但在学生那里却是真问题，因为学生所具备的知识背景与教材，与教师的阅历和体验是有一定距离的，有的时候甚至相去甚远。

为什么是设计，不是备课

为什么是设计，不是备课？备课跟设计，究竟有什么区别？我们备课用的备课本往往是学校统一印制的，一般来讲，备课本上往往设置了教学目标、重点难点、教学过程、教学小结、课后作业等栏目，备课时将这些栏目填满就是，这其实就是我们平常讲的写教案，或者写课时计划，是以课时为单位的。设计就不一样了，以教学目标的设定为例，至少要从学科、课程、教材编写、教材本身、学生以及老师的角度来思考。这是系统化思考，系统化设计，当然只是一章一节甚至是一个单元、一篇课文、几个板块之间的系统化。无论是建筑设计还是教学设计，总是在系统化思维指导下进行的系统化设计。房屋设计，不同的房间要根据不同的使用功能提出不同的设计要求，最佳的设计，除了美观，更要考虑方便居住与使用，教学设计也是如此。现在的建筑设计和教学设计的通病在于过度追求外观的形式，忽视了以人为本的这个实质。

如果我们想从根本上提升自己的教学水平和学校的教学质量，不妨试着从备课转向"教学设计"。

必须重视"教学目标"的确定与陈述

我曾多次批评今天的学校管理者大多将精力放在创设教学模式，打造高效课堂上。在具体的教学管理形式上，不外乎推行集体备课，下教室听课，组织检查备课笔记、听课笔记、教研组活动记录……但却很少有人去想，教师们从业几年、几十年，有多少同仁用心思考过每一册教材、每一个单元、每一堂课、每一个板块的"教学目标"究竟应该如何确定。有多少人习惯于从教师用书、名师的教案之类的教学参考书上摘抄教学目标，甚至没有搞清楚"教学目标"与"教学重点""教学难点"之间的关系。细观自己与同行们的教案，会发现一个普遍现象：教案上的"教学重点""教学难点"往往就是"教学目标"的某个部分的摘抄。当然，也必须承认，有时候教学重点或难点就是教学目标，但教学目标绝不等同于教学重点与难点。

教学目标的设定，必须保持学习的优先地位

教学管理的目标之一是让教师能够像专业人士一样教学，像专业人士一样教学的前提是能像专业人士一样备课，而这当中首要的是要从确定与陈述教学目标开始。

教学，教学，一方面是教，一方面是学。"教学目标"简单点说，就是教与学的任务与意向；具体一点说，就是教与学的出发点与终点。所谓出发点，就是从哪里出发，所谓终点，就是终端。教学目标的设定，必须兼顾教与学两个方面。从教的需要出发，至少要考虑具体的学科特征，课程

体系，教材内容，教的条件——环境、教师；从学出发，至少要考虑学的现状、需要与可能，当然还要考虑学的动力。两者权衡一下，孰重孰轻？当然学重于教了。换句话说，就是教学目标更多地应当来自学生。加涅认为教学设计必须以帮助学习过程为目的而不是以教学过程为目的。因而，教学设计必须着眼于学生的学，既然是"帮助"的学，其设计就成了学习的条件。教学目标与任务自然更多地必须指向学生的学。

教学目标的设定，必须保持学习的优先地位，并且以教学对学生的学习产生的影响为思考的根本。如何确保教学真正对学生学习有作用的学校教育属性——使学习成为可见的进程？除了要考虑具体的学科特征，课程体系，教材内容，教的条件——环境、教师，关键在学情分析，但实际情况往往相反。我们的教学研究大多在如何教上拉扯，反反复复地磨课就是如此，尽管也在呼吁要关注学生的学，但学生的学究竟是怎样的状况，却少有研究。所谓学情，只是坐在办公桌前毛估估的，凭感觉和经验的，是没有可靠的依据的。

教学目标的价值在于告知学习者可能的学习结果以及期望其获得的成就

要改变这样的状况，必须重视教育测量技术的引进与使用，要倡导教师在凭经验与直觉的同时重视数据的积累与分析。兼顾感性与理性，避免拒绝教育测量、单凭经验与直觉的片面的学情评估方式，使学情分析更为理性与科学。要在综合分析的基础上，努力让学生的学对教师可见，确保教师能够明确辨析出对学生学习产生显著作用的因素，也确保学校中的所有人（学生、教师和管理者）都能清晰地知道他们对学校的影响。更要让教学对学生可见，从而使学生学会成为自己的老师。

加涅他们认为，教学目标的价值在于告知学习者可能的学习结果以及期望其获得的成就，教学目标要提出一些具体的要求，鼓励学习者能够有所得，能迁移。他们还认为，教学目标的陈述，最好要包含情境、学习的类型、行为表现的内容或对象、可观察的行为、适用于行为的工具、限制或特殊条件等。比如"给予电池、灯泡和插座以及几根电线（情境），用电线连接电池和插座（行动），检测灯泡是否发亮（限制），以此演示（行为表现或内容）电路的制作（对象）"。又如我在《变色龙》一课的教学设计中的教学目标表述就是这样的："播放短片《人性》（情境），结合课文中围观者的表现分析（行动），透视奥楚蔑洛夫的行为表现（限制），联系现实生活（行为表现或内容）理解作者的本意（对象）"。而不是像我们平时所看到的"掌握几个实词和文言特殊句式"那样。而我则主张如果我们认同"教学设计必须以帮助学习过程为目的"的主张，那么教学目标的确定，许多时候还必须同学生商量商量，听听他们的意见，而不单单是教师单方面根据各种要素的分析提出来的。

"教学目标"应包含三个方面

从另外一个维度来看，"教学目标"包含三个方面：一是教与学的内容，二是教与学需要的帮助，三是教与学的质量监控与评估。

要提供给学生学习的内容很多，就具体的学科与具体的教学时间而言，是不可能将所有的内容一股脑儿抛售出去的，我们只能在有限的时间内同学生一起学习其中最为重要的东西，这就是所谓的"教学重点"，当然这重点，也是要在熟悉学科特质、课程体系、教学资源，尤其是学生的实际情况的基础上确定的，即便"非重点"的舍弃也当如此。任何一堂课，在具体的教与学中多多少少总会有些阻滞和障碍，这就是"教学难点"。可见"教学重点""教学难点"绝不能简单地从"教学目标"那里复制粘贴过来。它们是教师在教学的系统化设计过程中围绕"教学目标"遴选与确定的，是教师在权衡评估教与学的起点到终点的进程中可能会遭遇到的阻滞与障碍时设计出来的。

确保学生在学的过程中有机会体验、思考、感悟并转化为具体的行动

要提升我们的教学设计水准，首先要从研究教学目标的确定开始，这当中研究学又是第一位的，不基于从学习者的现状、需要与可能，单从学科特征、课程体系、教材内容、教的条件考虑的"教学目标"是会大打折扣的，这也正是平时教学中费时不讨好的症结所在。换句话说，判断一个

目标是否应该保留下来的标准之一就是学生在学的过程中是否有机会体验、思考、感悟并转化为具体的行动。至于"教学目标"如何陈述也是一个至关重要的问题。美国课程专家罗纳德·勃兰特和拉尔夫·泰勒认为："从某种程度上说，表述恰当的目标也就暗示了为实现它们所应采取的适当的学习活动类型。"我的认识是，当我们在陈述"教学目标"的时候，必须从专业的视角出发，调动已有的经验，在现实与可能的联系中，尽可能周全地考虑它与每一个步骤以及具体的方法之间的关联。

加涅认为，设计是一个反复的过程。一次性的设计不可能完美，反复的设计是为了趋向完美。教学目标的确定也是如此。刘庆昌教授认为，学生的学习受很多因素的影响，即便使用日常思维也可想而知，此处使用"变量"概念，显露出明显的科学倾向；意识到服务对象的复杂性，设计者头脑里是具有自觉的"处理"意识的。我们这里所说的"处理"意识，指内含分析、解剖、审视以及干预的倾向。事实上，卡罗尔就指出了影响学生学习的五种变量：学生的毅力、允许学习的时间、教学质量、学生的能力倾向和学生的学习能力，并指出这些变量之间并非无关，教学设计者应综合考虑。当教学中出现课前没有预料到的情况，而这情况恰恰又关乎到教与学的实际状态，可能影响教与学的效果时，就要当机立断，及时调整教与学的目标，以顺应具体的教学情形。

积极力量4：

回到人的立场——愿教育不再伤人

德国哲学家雅斯贝尔斯认为，人们只有通过个人的独特体验，才能回答关于个人本质和存在本质的终极问题。他眼中的教育，指向人对人的主体间灵肉的交流活动（尤其是老一代对年轻一代），包括知识内容的传授、生命内涵的领悟、意志行为的规范，并通过现存世界的全部文化导向人的灵魂觉醒之本源和根基，而不是导向由原初派生出来的东西和平庸的知识。教育是"人与人精神相契合，文化得以传递的活动"。所以雅斯贝尔斯说，只有"人的回归才是教育改革的真正条件"。

人的回归才是教育改革的真正条件

　　德国哲学家雅斯贝尔斯认为，人们只有通过个人的独特体验，才能回答关于个人本质和存在本质的终极问题。他眼中的教育，指向人对人的主体间灵肉的交流活动（尤其是老一代对年轻一代），包括知识内容的传授、生命内涵的领悟、意志行为的规范，并通过现存世界的全部文化导向人的灵魂觉醒之本源和根基，而不是导向由原初派生出来的东西和平庸的知识。教育是"人与人精神相契合，文化得以传递的活动"。所以雅斯贝尔斯说，只有"人的回归才是教育改革的真正条件"。教育的目的不是培养某一方面或只具备某种技能、能力、意识的人，而是培养"有教养的人"。这种人的高明之处，是能将观念的形态、活动、价值、说话方式和能力等构成整体。我一直认为教育在许多时候就是一种唤醒，一种体验，一种影响。

教育是人与人精神相契合

　　交往，是人类文化传递的有效途径，并在交往中认识世界和认识自己。人类的所有交往，往往基于双方的对话，这种"我"与"你"的关系是人类历史文化的核心。在交往中，人们既能通过教育理解他人和历史，也理解自己和现实，从而不至于成为别人意志的工具。对教育者而言，尤为重要的是始终保持对"训练和交往""教育与照料、控制"的边界意识。在雅斯贝尔斯看来，"训练"仅是一种心灵隔离的活动，而教育层次更高，其表现为人与人精神的契合，并使文化得以传递。但很少有人意识到的是，训练在现实生态中往往架空了教育职能，甚至走向强控制的极端。我们的麻烦在于，多数教师对学生的现实处境和精神状况无动于衷，对其颐指气使，耳提面命，很难平等相待，更遑论以心交心。

在此情况下，我们多以"机械的、冷冰冰的、僵死的方式去从事教育工作"，往往忽视了人与人的交流与互动，习惯于以上对下的灌输与训诫，很少在照料与培育上花气力，即便是人们常常挂在嘴上的"没有爱就没有教育"，也是为了控制和回报，我"爱"你，你必须感恩戴德，必须回报，至于职业伦理那是完全可以忽视的。这恐怕也是上述概念混淆的原因所在。

真理是人们对命运的体验

雅斯贝尔斯以为真理不会简单地存在于个体生命的"直接性"中，而须在一定时代的人们身上重新培植生长。这种生长，是通过个人在团体中的自觉行动而缓慢开始的。真理是人们对命运的体验，绝不是凭空想象的，更不是靠别人灌输的。由于每个人的遗传、家庭生活以及人生经历的差异，每个人对真理的把握又是个性化的。但这种个性化的体验又是离不开团体合作的，是需要在某个团体内联动的。这大概就是今天人们所倡导的合作学习、共同探究吧。这个合作与探究的过程，就是体验，就是不知不觉的陶冶。

人们在不断地交换意见的过程中形成的所谓统一意见往往是靠不住的，不同的人必从属于感觉、动机、价值判断和道德标准不同的团体。所以，"真理"在很多时候是需要我们去怀疑和反思的。比如说貌似真理的所谓"先学后教""以学促教"就是这样。就如胡适先生所言："世界上的任何思想学说，凡是不允许人家怀疑的、批评的，我都要打倒。"教育教学，没有颠扑不破、放之四海而皆准的模式，也没有包治百病的灵丹妙药。许许多多的问题往往是在不断的审视、对话、碰撞中豁然开朗的。

就如前面谈到的卡尔·波普尔的观点，绝对真理是不存在的，人们所说的真理，在某种情况下也只是他们的猜测，我们能做的只是发现和消除错误……实际上，我们每个人所信奉的真理其实只是个人知识基础上的一种猜想而已，谁都不可能真理在握，任何一个观点、一种理论都应该接受他者的批判，但一定要有理有据，而不是感情用事，立场优先。一旦选择了立场，就难免出现"非我族类其心必异"的非理性状态，就可能以"正义之师"的面目出现标榜自己的人品与善意，臆测他者的人品与恶意。"如果你对我试图用我的尝试性断定加以解决的那个问题感兴趣，那么你可以通过尽可能严格地批判它来帮助我；如果你能设计出某种你认为能反驳我的实验检验，那我将高兴地、竭尽全力地帮助你来反驳它。"

我觉得好的教育总是会以唤醒学生的精神世界为首要任务的，这样的教育才是回到每一个人的。不同的文化，通过不同的个体存在而使每一个人产生对整体的认识。每一个人自身的现实与世界连成一体，其在何种程度上能够成为他自己，往往与世界的清晰与丰富程度成正相关。这当中，批判与反思显得尤为重要，这批判与反思往往又是指向自己的，而不只是指向他者。

以自身的改变唤醒他人

一个人一旦有了自我认识，就会重新记忆起仿佛很久以前的潜能。人只能以自身的改变来唤醒他人。从这个视角看，教育是一个生命影响另一个生命的过程，是生命与生命的相互润泽，是一种"生命在场"，来不得半点强制。教育的过程，精神成长在先，其次才是科学获知。教育的功能在"照亮每个人心智的理性"，唯有此，每个人才能从本源深处发出自主自能的决定和意愿。

教育者对被教育者的唤醒与教育者的自我唤醒的根本区别在于前者是外在的，所以在具体的教育实践中最要紧的是教育者所讲的道理必须是浅显易懂的，是孩子们所处的年龄阶段的思维所能理解的，而不是远离孩子们的认知。

当我们谈论教育的时候，一方面欣慰地发现谈论教育的新书层出不穷，教学技巧、技术、形式持续地丰富；但另一方面，教师们还缺乏一个整体的支撑，尤其是"有实质内容的教育"正在被无数所谓的"发现""实验"和"旋风"瓦解，而变成无休止的肤浅循环。

从时间轴上看，教育不可能在"过去"停留，也无法预测"未来"，它只是完完全全地存在于现实之中。就如许多教育哲人所言，教育具有一定的欺骗性，作为教师必须对自我所担当的责任有清醒的意识，力求不欺骗，也不被欺骗。我以为这是每一位教师应有的担当。这担当不仅存在于生活、冲动和感觉之中，更存在于人际交往和各式各样的决定之中。

我们的任务绝不只是着眼未来，更多的恐怕还是要着眼于学生和我们的当下。因为当下才是实然的，才是方方面面需要的。所以，许多时候，教育者要用自己的努力，让自己和学生感受到每个个体的生长——生命的、知识的。"人的回归才是教育改革的真正条件"，强调的是只有教育者将自己和学生当人来看了，教育教学活动才有可能是有意义和有成效的。当然，这成效，不仅仅是学业上的。

说到改变，首先要面对的实际问题是，许多时候一个人一旦成为群体中的一员时，其智力是会立刻大大下降的。作为学校和教师，我们确实每天都面临着某些媒体与专家推动下的功利化的教育模式与旋风的狂轰滥炸，更有躲不掉的形形色色的行政督查考评，我们也确实在这样的现实面前逃无可逃。然而只要我们愿意并展现我们的勇气，拒绝这些诱惑，或许就有可能自由地选择我们自身。当我们有了自己的选择的时候，面对貌似无法解决的格局，还是有改善的可能的。关键是我们自己想不想改变，愿不愿意改变，要明白的是，任何改变总是取决于每个个体内心的取向和需要，将改变的可能寄托在外力上本身就是可笑的。

面对不可改变的格局，需要的恐怕就是自己对教育的信仰与追求，并且要有将这信仰和追求付诸实践的努力，但又不是以灌输的方式强迫他者和学生无条件地来接受我们的信仰，除非他们自己有所觉悟。需要的是用我们自己的实际行动，在可能的空间与时间内，同我们当下的教育生活中的种种荒谬作争斗，当然也包括我们自己和学生的、学校生活中的荒谬之事作争斗。这争斗需要的不仅是勇气，更是智慧。一方面要坚守我们的信仰，另一方面又要在明知不可为而为的情形下，学会妥协与周旋，以期在我们的努力下实现对现有的教育问题的改善与纠正，只有通过自身的改变才有可能唤醒他人的改变，使其在共同的、点点滴滴的努力中，慢慢地使教育回到常态上来。

批判性思维是一种重要的素养

前面说到，做教师的要努力成为"批判性的教育者"。21世纪许多国家的教育已经把目光有效地转向了人，转向了提升人的批判性思维和创造性能力。美国提出了 21 世纪技能，其他国家则相应提出了"21 世纪素养""21 世纪能力"，或许核心素养就是在这样一个背景中被提出来的。而核心素养最应该聚焦的是思维素养。如果把核心素养聚焦到一个点上，我认为就是独立思考。在某种程度上说，一个人要能独立思考和个性化发展，就必须具备批判性思维。纵观世界各国应对未来教育的纲领性文件，几乎毫无例外地提到了"批判性思维"。2015 年 5 月，联合国教科文组织发表的《仁川宣言》明确提出，未来的教育要确保全纳、公平、有质量的教育，增进全民终身学习的机会；确保所有人打下扎实的知识基础，发展创造性及批判性思维和协作能力，培养好奇心、勇气及毅力。可见，"批判性思维"作为人的重要素养之一已经是一种共识。那么，什么是批判性思维？在教学实践中应如何培养学生的批判性思维？这是值得广大教育工作者深思的问题。

教育要培育学生的素养，首先就是要让教师成为有素养的人。良好的素养从哪里来？我认为首先要从不盲从、不跟风又不自以为是开始。就一个具体的人来讲，批评和批判是一种情怀和重要的素养。

美国学者琼·温克在《批判教育学》中指出："'批判'不仅意味着'批评'，批判还意味着能透过表面看到深处——思考、批评或分析。"批判性思维是自导、自律、自我监督和自我矫正式思维。从琼·温克对"批判"的解读中可以发现，批判不仅是批评，更多的是思考与分析，是通过对表面现象的思考与分析来探究其发生发展的原因所在的思维和表达过程。其强调的是一种自我审视和自我舍弃，并非一味地跟风，更不是一味地指责他者。任何人都存在思维的缺陷，批判性思维就是为了审视我们自身的思维缺陷。对言说者而言，是为了避免误导听者。

一个人，不管有没有自我审视与批判，都无法阻止他者的审视与批判。从这个角度来思考，批判性思维作为一种素养提醒我们的是，首先要坦然地面对他者的质疑，同时还要养成自觉的自我审视意识与习惯。正如英国物理化学家迈克尔·波拉尼所说："一切理论都可以被视为某种在空间和时间上展开的地图。地图可能是正确的或错误的，这似乎很明显，所以，既然我依赖了这幅地图，我就要把我在这样做时所犯的错误归咎于它。因此，只要我所依赖的理论不是我，而是我在运用那种知识时被证明是正确或错误的那一理论，它就是客观知识。"不管什么观念和知识，如果我们不对其进行审视与批判，那么就有可能被误导，因为我们所依赖的知识地图原本就可能是错的，我们所信奉的那些知识未必是客观的。我们的言辞一旦发出来就是供人审视与批判的，如果没有这种意识，而迷恋于粉丝的点赞，其言辞势必会越来越华丽，越来越自言，即便是所谓谦卑中也充盈着傲慢……

批判性思维强调的是感性与理性的糅合

一个具有丰富经验的教育者，由于个人禀赋和其占有的教育资源等因素，对教育问题往往会有自己的思考与判断。这些判断可能拥有一定的事实依据和理论支撑，但也不排除是来自直觉的，甚至于直觉的成分会超过实际的情形；或者因为某种遮蔽的事实，超出了人们已有的认知，但因为情感因素的主导，阻碍了本应有的理性认知而脱口而出，其表达就有可能违背教育常理。

许多时候，人的情绪常常会战胜理智。就如人们驾车外出会依赖导航系统，但在实际使用中，因为导航系统数据的更新速度跟不上道路建设的速度，人们就有可能被旧数据误导。同样，人们所面对的许多教育言论貌似正确，但在具体理解和运用它的时候还是要多方面权衡的，否则就有可能掉入他人言辞的陷阱。如果校长们真的按照那些名校长的言辞所说，不兼课也不听课的话，一旦有人拿"校长标准"来问责你时恐怕就有麻烦了。退一步讲，这些校长原本可能就是教学高手，但这高也只是高在自己所教的学科上、高在自己的课堂上。但作为管理者的校长的教学领导力，与教师在某一学科上的教学领导力是不一样的。校长的教学领导力是对全校所有学科的全面领导，如果既不兼课又不听课，没有深入课堂，不了解各学科的课程实施状况，他又如何领导教学？

一个具有批判性思维的人，是会审慎地看待权威人士和名人的言说的。例如，有位教育官员曾在一个QQ群里讲"教师的样子，中国人的样子，中国未来的样子，样子是什么，样子是礼仪"。若从特定的文化背景中来审视的话，就不难发现，"礼"在中国古代特指社会典章制度和道德规范。它是西周政治制度的体现，是维护上层建筑以及与之相适应的人与人交往中的礼节仪式。"一日克己复礼，天下归仁焉"，孔子早年的心性思想的一个重大缺陷就在"复"字上。克己复礼，而不是克己守礼。一个"复"字，说明这种"礼"已经失去了。既然已经不存在了，也就不是他所期望的社会规范。"复礼"说白了就是要恢复周礼，这不仅是对自己欲望的不尊重，也是对当时社会心理的普遍不尊重。当我们谈"礼"的时候，如果不在今天的文化视角中加以阐释，就有可能引起误解。

前面提到，人的大脑有快与慢两种运作方式。常用的无意识的"系统1"依赖情感、记忆和经验迅速作出判断，它见闻广博，使人们能够迅速对眼前的情况作出反应。但"系统1"很容易上当，它囿于"眼见即为事实"的原则，难免因为错觉引导人们作出错误的选择。而这时候有意识的"系统2"会通过调动注意力来分析，并作出相应的判断，它比较慢，但不容易出错。不过，人们习惯了走捷径，而直接采纳"系统1"的直觉型判断结果。每个人内心都有两个"我"，一个是直觉的"我"，一个是理性的"我"，直觉的"我"凭直觉下判断，理性的"我"则会追问"果真如此吗"。批判性思维，强调的就是这种感性与理性的糅合。

教师批判性思维的提升从对教材的批判和自己的课堂教学入手

教师的批判性思维恐怕首先要从对教材的批判开始，从自己的课堂教学入手。初中语文教材里有一篇经典的课文《事物的正确答案不止一个》。教师在与学生一起学习这篇课文的时候，可以由此拓展开来，引导学生确立"正确的答案不止一个"的意识，这对一个人的思维方式、认知水准是相当有价值的。许多问题换一个视角、换一条路径，或许会有意外的惊喜和收获。例如，对于《世说新语》里的《杨氏之子》一文，我们更多强调的是杨氏之子的聪慧，为什么不换个视角想一想，"对于成人的一句玩笑话，一个小孩立马就针锋相对地回一句，久而久之形成习惯，他将来走上社会会成为怎样的人"？在课堂教学当中，教师除了讲这个孩子聪慧外，是不是应该提醒学生换个角度审视一下？

还有一个问题是，对于名师的课堂教学，固然应该以一种谦卑的心态去学习，但是不是就一味地膜拜呢？下面是一位著名小学语文特级教师执教的《火烧圆明园》经典课例中的一个片段（几次示范课中这个片段大致如此）。

师：作者在文章一开头就连用了两个"不可估量"，你读了后心情是怎样的，有什么滋味？

生：我感到很悲痛。

生：我觉得很可惜。

生：很伤心，很痛恨！

师：痛恨？你痛恨谁啊？

生：我痛恨英国人和法国人，是他们烧毁了圆明园。

师：能用"人"去称呼他们吗？

生：不能。

师：他们简直不是人，是禽兽，是强盗，是畜生！这样的悲痛，这样的伤心可以估量吗？

生：不可估量！

江苏省中学语文特级教师陈兴才与我谈及这个教学片段时感慨："常有人批判人文性过高的语文教学，但很多时候不是人文性的问题，而是假人文、坏人文的过错，让真正的人文性背了黑锅。"对此我比较认同。这个案例不是典型的仇恨教育吗？教师给学生这样的诱导会给他们幼小的心灵埋下怎样的种子呢？这样的种子一旦遇到合适的气候与土壤会生长出怎样的东西呢？须知，教师在课堂上的诱导，其实就是一种价值导向，这样的导向是会影响学生未来的人生态度和走向的。

所以，琼·温克说："批判教育学迫使我们去观察更加广阔的社会、历史、文化和政治教学环境。批判教育学使我们有勇气将自己看到的一切说出来。"作为教师，批判教育学提醒我们思考的是，"在今天这特殊的情况中，我在教育学上怎么做才是正确的"。

如何培育和发展学生的批判性思维，上海师范大学附属中学余党绪老师的批判性思维和思辨读写的研究与实践探索、陕西师范大学附属中学杨林柯老师每天"课前三分钟"让学生就自己感兴趣的问题发表看法等，不失为有效的尝试。

学生批判性思维素养的养成从鼓励质疑开始

学生批判性思维素养的养成，可从保护学生的问题意识、鼓励质疑开始，其前提是教师首先要成为"有问题的人"，只有"有问题的老师"，才能教出"有问题的学生"。明代学者陈献章在《论学书》中说："前辈谓学贵知疑，小疑则小进，大疑则大进。疑者，觉悟之机也。一番觉悟，一番长进。"学贵在有疑，疑是思之始、学之端，有疑问，才可能有深入的思考，才可能有真正的学习。要培养学生的"批判性思维"，就要引发学生在看似没有问题的文本中发现问题。从教学的角度看，课堂上善于激疑的教师，是会搅动一池春水的。搅动春水会使学生的学习活动产生动力，促使他们的阅读思考欲望由潜伏状态转入活跃状态，在知识的学习与积累中开展积极的思维运动，在教材与他者的言说中发现问题乃至破绽，转而慢慢形成独立学习、独立思考、审慎言说的能力。许多问题的答案是丰富多彩的，没有唯一正确的答案。

一个人对人与事以及自然现象的认识，往往与他的人生阅历、生命体验和个体经验以及他在特定的时期所关注的重心是息息相关的，如爱情的萌芽、友情的考验。即便是成人，在不同的人生阶段，再回过头去审视以往所认知的人与事以及自然现象的时候，可能会推翻过往的认知，而产生很多新的不同角度和深度的认知。大数据时代，无论是成人还是孩子，人们的学习行为都已经发生了变化，尤其是孩子，他们更多的学习行为已经不单单发生在学校中、教室里了，人们的学习正慢慢成为一种无时不在、无处不现的事情，"教育即生活"已经成为一种实际的状态。这变化必然使得原有的学习环境面临挑战。学校必须解构原有的教学环境，积极建构适应即时学习的环境，为师生的批判性思维品质的提升提供更为有利的环境，以利于核心素养的养成。

重要的是学习习惯的养成

　　学生的主要任务自然是学习，如何才能学得好一点？我以为除了天赋与态度，就是学习习惯了。一个用心的教育者，是会花大气力引导学生养成适合自己的学习习惯的。

　　养成教育，重点是学习习惯的养成。一个人离开老师，离开同学，离开父母，如果还能够静心地学，并且知道怎么学，那么成人不必担心他的学业成绩。学习习惯的养成就是要帮助学生形成符合自己特质的独立学习的意识、习惯与技能。

为教为学问字当先

　　尽管我是反对建构统一的课堂教学模式和编制"活动导学单""讲学稿"之类的，但是如果要搞，至少得将指导学生如何具体的学放在重要的位置上。如何学习这篇课文，学习这个板块，要在所谓的学案上告诉学生，甚至可以简单到哪些需要学生自己查找工具书，哪些可以到网上检索，以及怎么查，怎么检索。如果是理科知识，就要提醒学生去了解相关的知识，比如青蒿素跟生物学、化学之间有什么关系，引力波跟物理的哪个知识板块有关系……

　　可以建议学生坚持每天问三五个问题，对当天所学的知识提出几个问题，要有量的规定。至于说他们提的问题有没有质量，不重要，重要的是他们想不想提问，会不会提问，是不是一个"有问题的人"。比如说面对文科教材，可以让他们想想有没有不合理的地方；在解题的时候，想想有没有其他更好的解题方法；做实验时研究一下实验器材、实验操作有没有改善的可能，有没有可以更简化、更便捷的工具和路径；等等。我想恐怕每个学校、每个班级、每个班主任、每个科任教师，至少在制定校规、班规以及学习常规的时候，可以提出这样的要求，每人每天至少要提出三个问题。"问渠那得清如许？为有源头活水来。"为教为学问字当先。问则思，思则得。问天、问地、问人、问己，批判与自省，源头活水也。如此日积月累，他们就有可能养成独立思考、独立学习的习惯。

学习，在某种境况下就是一种交往

一个能够独立学习的人，是不会将自己圈在一个小圈子里的，他需要的是开阔的视域和广袤的天空，需要以开放的心态，接触方方面面的讯息。因此，善于交往，应该是一个相当重要的学习习惯。跟谁交往呢？与家人，与老师，与同学，与教材，与自然，与社会。首先是跟家人的交往，好多孩子跟父母没话说，跟爷爷奶奶也没话说。回家后过去是看电视，现在是玩手机、上网，稍微好一点的，做作业，看看课外书。家里人好像跟他什么关系都没有。学校和老师在这方面可以作些努力，利用可能的机会指导家长改变与孩子交往的方式，主动与孩子交流，尽可能地了解他们的需求，当然，也要提醒孩子回家后亲近家人。当老师的，尤其是班主任要尽可能地与每个学生有公开的和私下的互动。个别老师不要说跟学生没有互动，甚至连学生的名字都不清楚，这样的境况下，你还希望他们能够学得怎么样。我曾听说过这样一个极端的案例，一班学生毕业十周年聚会，大家谈及一位老师，不仅想不起其名字，甚至是男的女的他们都搞不清楚。我就想，是这帮孩子无情，还是这位老师无情？只有老师主动跟学生交往，学生才有可能跟老师交往，这也是所谓的老师指导性的一个方面。更多的是要创造机会让他们跟同学交往。有不少孩子很内向，跟同桌都没有互动，一定要引起高度的重视，要想方设法开展一些活动，让他们跟同学交往。当然，还要倡导学生跟所有的人交往。

实际生活中不跟陌生人说话是很麻烦的一件事情。当然在现在这个社会，你跟陌生人说话又是很危险的一件事情。但是如果不跟陌生人说话，怎么知道危险不危险呢？有了更多的跟陌生人交往的经验，才可能不被陌生人欺骗，不被陌生人诱惑。我们能做的是要提醒学生如何跟陌生人打交道。不跟他人交往，思想怎么可能开放，空间怎么可能打开，怎么可能有创造性，学业水平怎么可能再提升？老师们不妨统计一下自己班上的学生交友的情况，然后作个分析，看看跟他们的学业成绩、创造精神之间有没有联系。

理智处事

与独立学习有关的另一个习惯是理智处事的习惯。一个能够独立学习的人，是会妥善处理各种事务的，良好的处事习惯是建立在悦纳与包容的基础上的。作为教师，我们需要提醒学生乐观对待身边发生的每一件事，以一种包容的心态对待不同个体处理同一件事情的不同方式。这样才有可能坦然面对各种新事物、新问题。尤其需要注意的是，在互联网时代，智能手机相当普及，不仅改变了人们获取知识与信息的渠道，同时还在改变着人们的生活方式。成人们更应以一种开放的心态来对待它们，用自身的态度影响学生的态度，使它们更好地为我们的学习与生活服务。作为教师，更要思考的是网络与手机会给我们的学习和教学带来怎样的改变。

与悦纳、包容相对应的是识辨与遴选，任何事都可能有两面性，甚至几面性，遇事不能只有线性思维，更要有发散思维。一味悦纳与包容，难免失去判断与主见。我这个人最大的特点是，一个新生事物出来以后，首先乐观其成，充分运用，但同时我更会去思考它可能带来的负面效应以及如何防止这些负面效应的扩大。处事还要善变通，你只要坚守底线，不违法，不逾越伦理，不伤害他人，完全可以打破常规。

坚持书写

一个能独立学习的人，往往是有书写习惯的，因为通过书写，可以让自己的思考看得见。不少人，每天都在刷微信，但就是很少刷自己的所见所想。做教师的，要刷一点有用的东西，与教育教学有关的。我们可以对今天的教育教学生活当中的某一个片段作一个梳理、记录和反思。到一个阶段，对所从事的教育教学活动作个回顾，想想有些什么收获，存在什么问题。或许我们平时也在想，但是没有写下来，说不定早晨想的，到晚上已经遗忘了，写下来，你的想法就保留下来了。书写的过程还是一个甄别的过程，建构的过程。我们要求学生养成书写的习惯，首先自己要做到。日积月累，将会有意想不到的收获。

强化课堂学习的习惯

谈及学习习惯，强化课堂学习的习惯自然是重点。而说到课堂学习的习惯，首先是分类与归纳的习惯。比如说，画思维导图，如果学生能够坚持画一画，一定有助于他们的知识建构与解构。建构我们容易理解。什么叫解构呢？解构就是把原有的知识结构打乱，甚至舍弃原有的认知。举个例子，好多学校都有校史，我给一所百年老校的校史室陈列的建议是，将学校历史上最有影响的十件大事梳理出来，以这十件大事为线索，陈列学校的历史面貌，说不定会给人一种耳目一新的感觉。打乱原有的结构和认知，这叫解构。这里又牵扯到另一个习惯，就是回看纠错的习惯。比如拼音打字，总是会出现同音异字的错误。要打印出来仔细读读。

课堂学习的另一个重要习惯就是坚持举手发言。要让学生明白，举手发言不仅是为了维护课堂秩序，更是对他人的一种尊重。还有就是有事要报告。课堂上得到老师的批准，才可以干自己要干的事情。课堂上还要有明智的选择，比如积极参与讨论，主动跟老师、同学、教材互动。如果在教室里像听天书一样听老师讲的，听同学的发言，而他们的言辞活动总是与自己无关，那就是不明智的选择。要让学生明确，所谓明智的选择，就是积极参与课堂上的每一个教学环节的活动。别人在发言，你认真地倾听，作一些思辨，作一些回应，就是主动参与。

此外还有课堂上不削铅笔。你在削铅笔的时候，就分神了。另外削铅笔会有响声，会影响别人的学习。还有使用工具书的习惯，要不断要求学生坚持使用工具书，重视文献的检索、搜集与筛选。

不动笔墨不看书

在这里强调一下阅读习惯，阅读要坚持"不动笔墨不看书"，养成画符号做批注的习惯。还要寻找适合自己的方法，如精读、略读、跳读、泛读、朗读、默读、快读、细读等各种各样的阅读方法。这方法不仅是阅读的方法，也是学习的方法。比如说做笔记，有的人习惯记录在书上，有的人习惯记录在笔记本上，有的人习惯记录在卡片上。不同的方式各有优劣。我觉得记在书上是最好的，因为有时候我写文章是要引用原文的。记到笔记本上，如果要找原文，笔记上没有注原文在第几页，那就很难找。做教师的有责任不断提醒学生从自己的实际出发，养成适合自己的阅读习惯。必须注意的是，今天处在快餐文化时代，速度要跟上去，但是快速的阅读也是有技巧的，不是随便翻翻，或者一下子翻几页。快速阅读的关键是学会抓中心句，找关键词，看粗体字，还有看例题。快速阅读需要训练概括能力，还有联想、挂钩的习惯——看到一个点，或者看到某个问题，自然而然想到另外一个问题。

学以致用

还有一个习惯是学以致用，有意识地将所学用于解决具体的问题。当然这里有一个重要的问题是老师要尽最大可能给学生搭建平台，给他们提供运用所学的机会。学生有意识地运用课堂上的所学，一般是有难度的，教育教学一定要联系实际生活。老师经常在教育活动中、在课堂上有意识地将所学知识与具体的生活现象进行联系，学生多多少少就会受其影响，有利于养成学以致用的习惯。不能简单地将学以致用理解为做习题。做习题是应用，但那是低层面的，不是解决实际问题。比如，股票的问题、利率的问题、房价的问题，老师就可以引导学生将所学与所用结合起来。

主动与人分享

主动与人分享也是一个很重要的学习习惯。做教师的要不断提醒学生，你在学习中遇到的困难，或者你的收获，或者你建构的思维导图，或者你面对自身已有知识结构是怎么做的，等等，要乐于与他人分享，养成一种分享的习惯。在分享中使自己成为他人的老师，用自己的经验教训指导同伴。

坚持一丝不苟

保罗·格雷厄姆说："创作者另一个学习途径是通过范例。对画家来说，博物馆就是美术技巧的图书馆。几百年来，临摹大师的作品一直是传统美术教育的一部分，因为临摹迫使你仔细观察一幅画是如何完成的。""坚持一丝不苟，就能取得优秀的成果。因为那些看不见的细节累加起来，就变得可见了。"任何学习，都是从模仿开始的，模仿要的是一丝不苟，要的是耐心，要的是全身心投入。文艺复兴时期的代表人物阿尔伯蒂有一句名言："任何一种艺术，不管是否重要，如果你想要在该领域出类拔萃，就必须全身心投入。"

简单点说，做教师的，要在学生的独立学习、独立作业、诚实考试，以及耐心和坚持上多花点力气，这样才有可能让学习变得可见。

好的"德育"是"立人"的

在今天，德育对于学校来说，其地位早已经无须多谈了，但是学校德育的价值取向是什么，操作路径又在哪里，恐怕依然是莫衷一是。

"德育"的问题在哪里

谈及德育，恐怕不能不从柏拉图、苏格拉底的教育哲学说起。乔尔·斯普林格在《脑中之轮——教育哲学导论》中这样批判了柏拉图、苏格拉底的教育哲学：让人"站好队，接受组织对你的安排，相信这种安排于你是最好的，服从统治者的智慧，时刻准备为更高利益流血牺牲"。最重要的是，要让受教育者"相信自己与统治者相比是低下的"。其目的就是希望通过这样的教育让人们"心甘情愿地并且带有感恩之心任由国家指使其思想和行为"，"在当前由跨国公司统治世界的大环境中，工人接受他们的地位，甘心为公司卖命。并且由于相信公司的'善'和他们与经理相比的低下，他们允许经理支配他们的思想和行为"。也就是《理想国》中说的"爱智慧的人也是爱统治阶级的人，因为只有哲学王才有资格认识到什么是正义"。而教育就是要通过染布的方式，使得受教育者被染得"越彻底越好"。

柏拉图认为："哲学家，智慧或真理的爱好者，可能通过学习，至少学会真正生存的恰当模式的轮廓。"通过教育"对各个人进行筛选，发现他们有什么用，并且提供一个方法，给每一个人分配与他的禀赋适合的工作。每个人做他分内的事情，永不侵犯他人，以能维持整体的秩序和统一"。这样的德育，其实就是要让学生变得唯唯诺诺，俯首帖耳，甘心为奴。

另一个需要关注的人物恐怕是苏联的马卡连柯了，他认为"教育的最重要的目标就是教育人们个人利益服从集体利益，从而使他们成为集体的一个组成部分"。马卡连柯为解决大批无家可归的孩子的教育问题形成了他的一套教育哲学："作为管理这些孩子的方法，他创立了一个有统一制服和编制的军事化组织。这一组织的军号、军礼、军衔体制和沿军营而建的工厂渗透了整个社区生活。"用这样的标准来衡量我们当下以衡水中学为代表的学校，也只是小巫见大巫，或者说衡水中学这样的考试工厂的德育还有进一步努力的空间。用马卡连柯的话来说就是，不管怎么说，对学校管理者而言，"清楚无疑的是，人们个性和行为的细节都是可以有铸模造出，并且全部一次性制成，虽然这些铸模本身须是极其精细，要求审慎地加以制作"。

乔尔·斯普林格指出柏拉图《理想国》中设计的教育系统，"是用来控制人的，其途径有以下几种：教授神话并传播经过审查的文学；传授改头换面后对国家有用的历史；教导人们最高理想，让人们为了'善'而压抑自己的生理欲望。神话、语言和历史教学都是为塑造心灵和树立理想服务。对国家而言，最难控制的就是情感和欲望，要控制它们，就需要人们为更高的理想而牺牲自我"。"苏格拉底向我们展示了教育在国家中所担当的角色的最早模型。他的很多建议在现代国家的运作中都有所表现。大部分现代教育系统也起到同样的作用，即将人分类放在与他们适合的社会职位上去。通过使用同类金属神话的方式，教育使人们接受了这些分类遴选的合理性"。

杜威在《民主主义与教育》中对柏拉图的教育哲学也有类似的评价："没有谁能比柏拉图更好地表达这样一个事实：当社会中每个人都能按他的自然禀赋做有益于别人的事情时（或对他所属的整体有贡献的事情），社会就能稳固地组织起来；教育的任务就在于发现一个人的禀赋，循序渐进地加以训练，应用于社会。"在杜威眼里，"柏拉图从来没有认识到个人和社会群体的活动的无限的多元性。因而，他的观点就局限于几种天赋能力和社会安排"。不难看出像衡水中学这样的学校之所以能够大行其道，是有它的哲学渊源的，因为从柏拉图到马卡连柯的教育哲学，就是立足于"金属神话"的，是要通过"教育引导人们为共同的利益而牺牲自我，其前提是建立在共同利益可以由国家中的某些人员来规定这样一种信念之上的"。正因为受到这样的教育哲学的影响，我们的学校德育与智育一样依赖于大工业的思维模型将其建立在军事化管理、量化考核的基础上，依靠灌输和借助树立标兵和楷模来实现那些道德规范的，因而使得我们的德育往往处于紧跟形势，流于形式，忽视从个体出发的引导、浸润与修炼的务虚而不务实的境地。

我们的德育，就如雅斯贝尔斯在《什么是教育》中所说，"针对不良倾向、嬉闹和涣散所制定的工作纪律是必需的，纪律能控制滥用自由的任性"。但是我们又太过迷信纪律，以及建立在这之上的"标准"和"权威"，时间长了，教育为人所诟病的机械、僵化等问题就出来了。更重要的是，又少有人注意到雅斯贝尔斯的下一句忠告："人们从小不假思索学到的东西将影响他的一生。"

如何理解"德育"

既然德育的价值取向不应该是生产"标准件"，那么校长就不应该是"厂长"，教师也不应成为按技术的熟练程度被分成"熟练工"和"初级工"，学生更不应该是流水线上的"工业产品"。如果我们的德育就如流水线那样，整个生产过程处于严密监控，任何不和谐的杂音、锋利的棱角都必将为权威的"谆谆教导"所同化，在同一个炼炉中格式化后，我们的孩子就被浇铸成千人一面的"标准件"，而失却了作为人所应有的个性品质，这样的德育无疑是罔顾学生的个体生命价值的。

《康德论教育》在谈及教育的功能时有这样的表述，"教育最大的秘密便是使人性完美，这是唯一能做的"，康德强调"改善人性完全在于良好的教育"，人"经过教育继续改善人性，提高人的品格，使人性具有价值，是非常可喜的"。换句话说，着眼于人品的提升和人性的改善的教育就是我们需要的德育。

菲利普·W·杰克森在《什么是教育》中说"教育是一项道德事业"，是"促进社会文化传播的过程"。他认为作为道德事业的教育，首要的是彼此承认和人格。当然，他所说的道德，并非我们固有意识中的道德，更不是我们为了达成某种目的所宣扬的道德。我们的所谓"道德"强调的是忘我，是服从，是所谓的集体意识。身为教育者，当我们强调德育价值和功能的时候，最大的问题恐怕就是要重新认识道德的含义所在。

来看一看某校长发在微信上的这段文字：

> 在2017年DP县中学生运动会上，我校9年级18班WH同学参加女子400米栏的比赛，第一栏摔倒，多处受伤，老师们急忙过去救助，孩子第一句话就是哭着说："老师，对不起，我给实验中学丢人了，没能跑好。"

> 老师们听后都流泪了，120救护车将她送到医院紧急治疗，第二天，坚强、勇敢的WH站在了100米栏的起跑线上，她不畏强手，奋力拼搏，获得女子100米栏第二名！

我在一个微信群里问大家怎么看这件事，有许多人就说，按照我们的价值观，学生就要有集体荣誉感，应该带病参赛。但这与我们今天讲的生命关怀、教育要带着温度落地，好像是不一致的。

有个编辑说了自己的故事，她当年也参加了运动会，也摔了一跤，但还是坚持跑下来了。我说，不好意思，我问的是这样的事情应该贴出来吗。

在今天这么一个随手拍、随手转、随手发的时代，我们每一个校长和老师转什么，贴什么，背后折射的是一种价值取向，有的东西真的是不能转、不能贴的。转得越多，贴得越多，你背后暴露出来的反教育的价值取向就越清晰。

"彼此承认和人格"提醒我们的是，人之所以为人是因为别人对自己的方式的结果。这就告诫我们，在教育关系中，我们这些身为教育者的父母、教师不仅要让我们的教育对象明白现实生活中别人的存在是多么重要，更重要的是我们自己必须明白他人的存在对"我"的重要，而不是一味地教训我们的教育对象觉得我们对他们如何的重要。我们只觉得我们自己的重要，而忽视了别人的存在的德育，带给学生的就有可能是"目中无人""唯我独尊"。理想的德育会使人明白：别人既是我们的教育对象，也是我们身边的他者，理想的德育不只是学校和教师的义务，更是整个社会的。

由此推论，德育首要的任务就是要让每一个学生认识到"彼此承认和人格"的重要，而不只是一味忘我、服从；需要的是对他者的尊重和了解，尊重他者的人格尊严，而不只是简单地承认他者的存在，重要的是要努力发现他者的优点，发现他者的特长，从他者身上汲取自己所缺乏的种种。

换句话说，唤醒学生的精神世界才是教育的首要任务。这样的德育才是为民族的，也是为每一个人的。

如果作为道德事业的教育可以理解为德育，那么，"我们的老师在正式的意义上构成了一个非常有影响力的群体。当我们回忆起自己的学生时代时，他们是我们最怀念的人。那些教过我们的人对我们产生的影响是永远不可抹杀的"。如果那些被树为"师德楷模"的教师，要不就是不要健康、不顾家庭、六亲不认的冷血动物，要不就是戾气实足、言行粗鲁的暴君，这样的"标兵"往往会成为学生鄙视凶杀的对象，恐怕就在于我们对"道德"的认知存在偏差。如果我们每一位教师都能认识到"一个人受老师的影响方式不仅仅在于老师是否是一本书的作者或者老师是否健在，也不是被老师认识的问题"，"真正的问题是我逐渐跟一些老师变得一样了"，学生们总是"想在某些方面跟他们一样"，就如许多人一直引用的"雅斯贝尔斯所说的"（因为我一直没找到出处）那句"教育就是一棵树摇动另一棵树，一朵云推动另一朵云，一个灵魂唤醒另一个灵魂"那样。或许，这就是我们应该理解的"德育"的一个重要的方面。

我们需要怎样的"德育"

教育作为"促进社会文化传播的过程"，"其明确目标是让受教育者的性格和精神福祉（人格）产生持久的好的转变，间接地，让更广泛的社会环境发生好的变化，最终延伸至整个世界"。也就是说，作为"促进社会文化传播"的教育，其意义就在于通过对人的影响（扬善抑恶），进而促进社会变革，使得世界变得更为美好。

尽管文化传播的过程是会随着时间的推移而发生变化的，但这中间关乎人的共识却是永恒不变的，其特征就如杜威所言，每一代新人都可以在前人的基础上进行调整和扩张。回想这几年我们所主张的"学校行为文化建设"，就是想通过学校可能做到的某些着眼于扬善抑恶的改善，推进师生行为、精神（人格）朝着好的方向转变，进而影响我们的学校和师生朝着更为美好的境地努力的文化传播策略。

当这样来回望我们的努力的时候，我们就不难理解，"教育从根本上说是一项道德事业，其目标是对人类产生有益的变化，不仅仅是人们知道的可以做的事情上，而且，更重要的是，会完善人们未来的性格和个性。另外，这一过程的受益者不仅仅是受教育的个人，而且还有整个社会。最终，整个世界都可能从这项事业中受益"。

雅斯贝尔斯认为："真理意识不会简单地存在于个体生命的直接性中，它更多的是要在一定时代的人们身上重新培植成长。对真理意识的培植通过了人类后天习得的陶冶过程"，"真理意识是个体从所获得的对客观世界的经验中，并通过个人在团体中的内在行动而成长起来"的。而"真理的物质实现从来就不是单纯地从哲学思考中产生出来，而是在教育过程与自我教育过程所构成的世界里方能产生"。

也就是说，真理是人们对命运的体验，绝不是凭空想象的，更不是靠别人灌输的，加上个人的遗传、家庭生活以及人生经历，每个人对真理的把握又是个性化的，这个性化的体验又是离不开团体的合作的，是需要在某个团体内联动的。但是，我们有必要认识到的是，人们在不断地交换意见的过程中形成的所谓统一意见往往是靠不住的，因为现实中"仿佛我们从属于一个感觉、动机、价值判断和道德标准都一致相同的团体。这些现象的出现是必然而无条件的，但在根源上确是靠不住的，当威胁相逼时，它们就会与强烈的内心冲动联合起来"。所以，"真理"在很多时候是需要我们去怀疑和反思的。

雅斯贝尔斯认为，陶冶是一种生活形式，"它是以作为思维能力的培养为其支柱并把规则的知识作为培养这种能力的场所。陶冶的材料包括：对已成形的事物构造的直观、一般有效的知识以及语言——存在的家园"。"作为形成人生态度的陶冶必须为人们提供广阔的空间，使人们在理性中寻求道路，全面地展开精神运动"。由此看来学校德育的重要任务就是为学生的精神生活提供一切可能的空间，而绝不只是单纯的知识教育，胁迫学生在军事化管理下一刀切地统一标准，统一行动。德育的价值在丰富人的精神内涵，使每一个人成为每一个自己。因为"每个人都有独特的个性，陶冶则意味着在铸造和展开人的这一天然给定性过程中，通过具体的人自身的活动、意识和他特有世界的形式与一般的形式接近"。

基于人的生命生长的德育，要做的是使我们和学生明白："我们之所以为人，是因为我们怀有一颗崇敬之心，并且让精神的内涵充斥于我们的想象力、思想以及活力的空间。"教育，永远是属于"人之为人"的事业，而在人与生俱来的权利中，自由（包括思想的自由和意志的自由）是最为珍贵的。"如果教育成了权威，那它就失败了"，如果我们对那些"看不惯"总是喋喋不休，那我们的师生最终的走向，就有可能成为只听使唤的工具，我们所期待的独立精神和创造力也就无从谈起。但真正叫人心痛的是，这些道理正如杜威所说："理论上无人不知晓，实践中又无人不违背。"

教育，从不伤人开始

杰克森所说的"教育是一项道德事业"，并非我们固有意识中的道德，更不是我们为了达成某种目的所宣扬的道德。在他看来，作为道德事业的教育首要的任务是彼此承认和人格。他认为"彼此承认和人格"提醒我们的是，人之所以为人是因为别人对自己的方式的结果。这就告诫我们，在班级管理上，如果我们的策略是对人格、尊严以及人性的"破坏"，那么就与教育所要达成的"道德"修炼相悖。我们可以回顾一下2013年发生的某二中的"弑师事件"。一个高三的男孩子玩手机，被班主任没收了，班主任没收以后一定要叫这个孩子的家长过来，后来惨遭此男孩利刃割喉。当然主要的问题是在那位学生身上。但从班主任工作的角度来看问题的话，这位班主任的教育行为有没有问题？面对一位高三的孩子，不仅没收了他的手机，还叫他的父母到学校里来，有没有考虑这位学生的人格尊严？这样的问题，无论是在家庭教育还是学校教育中都或多或少存在。所谓的伟大的"德行与智慧"总是为"伤人"污垢所蒙蔽。这就给我们带来了这样两个问题：我们的教育为什么会伤人？我们的教育如何不伤人、少伤人？

教育何以伤人

1. 从显性角度来看，传统封建专制意识的余毒对教育的戕害仍未彻底根除

"棒拳出孝子，严师出高徒"一直占据着国人的教育思维底层，其透出

的原本就是传统教育上对下的封建专制意识，所谓"君叫臣死，臣不得不死，父叫子亡，子不得不亡"，何况棍棒？正是在这样的理念下，我们师生关系中本应有的教学相长的关系就这样简单地以拳脚相加代替了。我们姑且不论这样的古训是不是科学，也不论它是不是符合教育规律。先不妨想一想所谓的"高徒"是不是都是这样出来的，这答案我想大家恐怕是清楚的。事实上许许多多的"高徒"未必就是棍棒打出来，严师带出来的。这说明人和人是有区别的，所以还有"上等人自成人，中等人教成人，下等人打死不成人"这样的古训，也就是说人与人是不一样的，"棒拳出孝子，严师出高徒"并不适用于所有的人。

再说所谓的成人，标准也不是认认真真上学，严格按要求写作业，考上重点学校、理想的大学那么简单，也不是所谓的"事业有成"那么狭隘。换个角度来审视一下，我们眼里的认真、严格、理想，就一定是正确的吗？如果我们从字面上来理解"成人"的含义的话，"成"除了"成年"，至少也应有"成熟"的意思，从这个意思来理解的话，所谓"成人"指的是一个心智成熟的人，心智成熟指的不只是生理和心理，还指向一个人的信仰和价值取向。

长期处于打骂教育下的孩子不仅会形成表里不一，见人说人话，见鬼说鬼话等不良的人格品质，更有甚者，还有可能形成暴力倾向和报复心理，一旦机会成熟，这些不良品质和倾向就会爆发出来，造成不可估量的后果。

2. 从隐性的角度来看，学校组织和评价学习的方式"是一种隐藏很深、持久性强的伤害，它是结构性暴力伤害的结果"

根据美国学者奥尔森《学校会伤人》中的说法，学校伤人的类型大体可以分为以下几类：

创造力之伤："钱学森之问"的核心是创造力，创新能力不足已成为中国教育的心头大患。创造力之伤的主要原因，是用统一的标准要求和衡量所有的孩子。谁没按标准行事谁就成了成人眼中的"坏孩子"。

顺从之伤：当我们的孩子走进教室的时候，首先学会的就是遵守纪律，听从，老师叫你怎么做就怎么做。当我们遇到学生跟老师发生冲突时，我们总是站在老师的立场上，从来不去考虑这个学生跟老师的冲突是什么原因引起的。反正你是学生，错的肯定是你，面对老师你只有服从、顺从。

反叛之伤：这主要表现在我们对"不听话"的孩子的态度上。因为这些孩子总会时不时地弄出一些出格的言辞和行为，让我们觉得他们很另类，甚至很讨厌。于是我们总会用异样的眼光来看待他们。

麻木之伤：我们很少从自身角度去反思学生成绩下降的原因。其实，孩子对教师有一个"匹配"效应，孩子对我们语言的敏感性，对我们问题的敏捷性是不一样的。我们习惯了通过反复的训练、反复的考试来提升学生的成绩，孩子们就在屡考屡败、屡败屡考中渐渐麻木了。

低估之伤：低估之伤，其实就是贴标签，给孩子定型。这个孩子是问题孩子，这个孩子是"差生"，尤其在小学里，有的孩子注意力不集中，我们就给他贴一个多动症的标签，个别老师有时还会用"白痴""笨蛋"之类的言辞评价某些孩子。

平庸之伤：在任何一个班级里，"平庸"的中等生永远是多数，他们中的大多数一般不会受到关注，我们给他们提供的资源也相应不足。班主任找学生谈心，总是那些"好学生"和"差学生"，那些所谓的中间的孩子几乎不会被找去。他们多数"数着时间过日子"，只做上课所要求的最低限度的事情，因为他们对课堂讨论和作业根本不投入。

完美主义之伤：我们总是要所有的孩子向班上那几个"最好"的孩子看齐，而我们又经常会跟那些好孩子讲，他们在某些方面还有哪些不足。我们总想每个学生都优秀，每个优秀学生每个方面都优秀，而很少去想一个人想要每个方面都优秀是不可能的。

教育如何不伤人、少伤人

从教育"伤人"显性的、隐性的原因来看，我们在乎的是"为了孩子好"，甚至于当老师在班级管理中对孩子进行变相体罚以后，班主任教育孩子时都是这么说的：老师打你是不对的，骂你也是不对的，但是你想想他都是为了你好。在这样的教育、管理理念背后，我们的行为就不能容忍孩子在认知上、情感上或者身份上的自我认同。普遍的问题是，我们的管理要求和举措从来没有征求过孩子们的意见。下面就谈谈教育者如何从孩子的角度出发，不伤人、少伤人的策略。

1.正确地理解爱

在中国教育界，谈及爱与教育的关系，最经典的话语恐怕就是那句"没有爱就没有教育"。

其实，"教育之爱"强调的是在教育中，无论是教师还是学生，"爱"起着至关重要的作用。在教育过程中，不仅要有人与人之间的爱与情感，还要爱我们所教、所学的内容以及教和学的方式，乃至于我们所处的世界的方方面面。这爱和情感是包容的、慈悲的、博大的，同时，又是相当理智的，基于道德的。其目标就是不断地改善，试图使师生双方的每一个人都在原有的基础上变得更好，进而通过我们的共同努力，使我们所处的世界变得更好。这个过程是需要时间的，是要靠一代一代的人努力前行的，用杰克森的话来说，是要每一代新人自由地在前人的基础上进行"调整和扩张"的。也就是说，教育之爱不是单方面的，而是双向互动的、相互影响的一个过程，谁也代替不了谁的一种生命的体验。

2.建设班级契约

契约，就是共同商量，通俗地讲就是师生"做生意"的合同。合同是双方商量产生的，这个商量产生的核心就是价值认同，在价值认同的基础上要正视差异。五十几个孩子是五十几个不同的生命个体，每个人都有每个人的想法，我们要承认差异。在此基础上，我们朝着共同的方向去努力，达成共识。

第一，从小事入手，大家商量有哪些可以做得到的小事情。第二，分段实施，能够在小学、初中、高中的层次上，再进行细化。民国教育家刘百川在他《一个小学校长的日记》中就谈学生教育在每一个阶段，都有和年龄实际相切合的要求，比如小学第一个阶段：不撒谎；肯替团体做事情；肯帮助他人；喜欢同学和弟妹；每天看见先生和同学要行礼；不糟蹋吃的和用的东西；听从先生和父母的话；不哭；零钱要储存起来；不害臊；衣服用品要整洁；游戏器具要大家玩；不缺课，不迟到；上课时说话先举手；不乱吃东西。而后，则又有其他要求。第三，个性化要求，对不同的孩子给予不同的要求。第四，遵循一些准则，比如："间接暗示"，不是你直接要求，对儿童的生活和行为不采用直接训导，而要采用间接的暗示；"努力的指导",我们不是只听要求,我们还要指导,因为无论是孩子还是成人,我认为人们都有惰性,都有固有的行为习惯,所以我们要指导;等等。

3. 多一些尺度

多一些尺度,就是不要用一个标准要求所有的孩子。我们有许许多多的怪才,对于他们,强行的说教是没有用的。我们就要以不同的尺度去考虑,尽量找出他的闪光点,让他尽可能在某一个点上有所发展和提升。让他在某些方面做出成绩来,给他某种收获的喜悦。

我曾经遇到一帮"文学青年",对"文学"已经痴迷到走火入魔的地步,比如课不好好上,作业不认真完成,加上文化基础普遍不佳,很多人都到了学业无法为续的地步,若不是有"文学"作精神支持,恐怕高中已对他们没有意义。我先是将他们原先游走于地下的文学社"合法化",还请了团委和语文组的老师做后盾,帮助解决一些实际问题。他们的文学社正常运转以后,每月都定期搞笔友会、交流会,而我也时而抽身参与其中,从大语文的角度泛谈写作。但始终强调文学也好,写作也罢,都不能脱离当下的生活,即使是虚构的故事也应有实践经验作支撑,否则只是无源之水、无本之木,就会流于文饰雕琢,流于雪月风花,流于"为赋新词强说愁"的空洞和脆弱。这样的交流,几次下来,"怪才"们原有的那种"众人皆醉我独醒"的狂妄慢慢消失了,作品也多有改善。尤其是社长,转变最明显,从被动接受到主动交流,渐渐袒露自己的困惑和无奈,也对即将到来的高考产生隐忧。我鼓励他们:活在当下,事在人为!

4. 学会"视而不见"

教育,能否有选择地"视而不见"?谚语云:"察见渊鱼者不祥。"一个老师如果时时处处事事精明,一丝不苟,该是多么可怕!每每走在校园里,总会发现一些不顺眼的事,听到几句难入耳的话,但是当学生已经意识到错误的时候,能否"视而不见,充耳不闻"?因为对方已经觉察到了,有了对事件的反思,与其双方尴尬,倒不如"难得糊涂"。

教育的智慧就在于"点化",巧妙地点化和粗暴地说教,看似差之毫厘,而效果却谬以千里。将自己摆在高高至上的位置上,颐指气使,用自己的标准去衡量每一个个体,将自己的意志强加于他人,难道不是很可怕的事情吗？雅斯贝尔斯说过："针对不良倾向、嬉闹和涣散所制定的工作纪律是必需的，纪律能控制滥用自由的任性。"但我们如果过于迷信纪律，以及建立在纪律之上的"标准"和"权威"，长此以往，就会机械甚至僵化。我们的教育是意图让学生少走弯路，殊不知，弯路也是一种历练，有些弯路，是非走不可的。人们从不假思索中学到的东西将影响他的一生，也就是说，孩子们身上许许多多的毛病，都有其根源，改变不可能一蹴而就。从这个角度说，教育是慢的艺术，不要指望立竿见影。

5. 经营"班级文化"

文化就是要以"文"来"化"人，班级文化就是说整个班级能够形成一种精神的磁场，带有班主任的教育理念和个性的文化的栖息地。班级文化建设是促进学生全面发展不可或缺的重要组成部分，它作为一种特有的教育力量，渗透于一切活动之中。我当校长时，学校有一位朱建老师，在经营"班级文化"上很有自己的思想。他所带的班班名叫"将行天下"，其释义为：将行天下——我们将要行走天下；将行天下——我们要以"将军"的姿态行走天下！在"网易"上建有"将行天下"的班级博客；有班旗"将行旗"，浩渺的地平线上，象征着男生和女生的两匹俊逸的马正向着太阳升起的方向扬蹄飞奔，梦想着成为将军的学子风华正茂、意气风发，他们以"将行天下，谁与争锋"的豪气和志向刻苦学习、奋力拼搏。其班级理念分为为学、立身、处世、做人四个层次：为学——严谨求实，团结奋发；立身——志存高远，自信自强；处世——尊师敬友，恭俭谦让；做人——感恩父母，胸怀天下。每个清晨，他们都会朗读催人奋进的班级誓词："在这神圣的时刻，在这庄严的地方，让我们举起右手，面向班旗，用青春的名义宣誓：我将用我的智慧培育理想，我将用我的汗水浇灌希望，我愿踏过书山坎坷，我愿渡过学海茫茫。我承诺，不作懦弱的退缩，不作无益的彷徨，我将带着从容、带着微笑，去赢得我志在必得的辉煌。我拼搏、我奋斗，让飞翔的梦张开翅膀，让雄心与智慧为火红的青春闪光！"

我想，当我们的教育能够时时刻刻致力于这样细小的改善的时候，我们的道德也就在其中，有了这样的认识，我们也就有可能通过我们的坚持和努力无愧于"促进社会文化传播的过程"。

班会活动的组织与实施

中小学校的班会如何组织与实施，是一件比较麻烦的事情。这麻烦在于它必须列入课表，但又没有具体的课程标准与教材，许多学校对班会课也没有具体明确的要求与计划；具体的实施者往往是班主任，而班主任更多的又不是思品课教师或者政治教师，往往是由各科教师兼任的。这样的状况，往往导致班会课在许多时候只是停留在课表上，或者上传下达，或者阶段小结，或者训话，或者暗度陈仓，挪作他用。即便是有那么几次像模像样的班会活动，往往也是兴之所至，带有很大的随意性。如何切实有效地组织班会课，确实值得学校和班主任们静下心来思考思考。

从课程的角度厘清其目的性

组织班会活动的目的到底是什么？应该说这是很清楚的。班会课是德育课程当中的一个规定动作。为什么要开设班会课？自然有其目的和价值取向。班会活动从课程视角来看，是养成教育的一条重要途径，班会活动往往需要从当下教育教学的实际需求出发，开展相应的活动，采取合适的举措提升学生的思想素养，帮助学生养成良好的行为习惯。因此，明确班会活动的目的性，是上好班会课，组织好班会活动的重要前提。班会课为什么总是叫好不叫座，形同虚设或华而不实，就是因为我们的学校管理者和老师缺乏对其目的性的正确认识，普遍原因是觉得班会活动可有可无，轻视、弱化了班会活动在学生品质发展、习惯养成方面的重要作用。

从系统的角度重视其计划性

行为习惯的涵盖范围相当广泛，诸如待人接物、阅读学习、人际交往等各个方面。通过必要的专业手段，以适应学生心智特点的路径与手段对学生成长的各个方面施加影响，帮助他们全面养成良好的行为习惯，这些工作必然是千头万绪、纷繁复杂的。因此，组织班会活动必须重视计划性，避免随意性。班会活动尽管是在"立德树人"的大框架下的活动，但不同学段班会活动的取向与定位是不一样的，侧重点和关注点也应该不一样。比如小学，更多需要指向的是关注生命，善待生命，敬畏生命。初中，更多需要指向的是人与人、人与自然、人与社会的相处等。进入高中，就要把关注社会作为活动的重点了，比如确立正确的价值观、人生观，将重点放在培养包容、公平的意识，同时又要着力培养其批判精神与独立的人格特质等。每个学年，每个学期，每个月，甚至每一周，都应该有一个具体详实的班会活动计划，对活动主题、实施步骤等都有预先设定，尽可能地避免随意性和碎片性。就学校而言，更应该在班会活动的系统化、序列化、渐进化上有一个通盘的考虑。班主任至少应该在分析前一个阶段本班学生具体状况的基础上，制订下一个阶段的活动计划，以便活动的有序实施与推进。

从内容的选择上突破重点

就班会活动的任务来说，每设计一个活动都要指向预设目标体系下的某一个具体问题的解决，这就是重点性。这重点可以来自身边的实际话题，比如"早恋"，待人接物等；也可以缘起于当下的社会现象，比如助人却被讹，对长者的态度，对师长的尊重等。努力引导学生把这些问题想明白，分析到位，提示他们去思考正确的处理方法，活动的有效性也就有可能了。具体实施中还要处理好活动环节的轻重缓急，也就是根据活动目标，突出重点环节。如果我们在活动实际的取向方面，什么都想解决，什么方法都用，结果反而什么都没搞透，什么问题都没有解决。

有这么一个班会活动，活动的主旨是走近父母。组织者设置了看视频、作问卷调查、学生交流发言、给父母写信这四个环节。这位组织者对这四个环节没有平均着力，而是把看视频、作问卷调查、学生交流发言当作铺垫，把给父母写信作为重要环节来处理，给学生留足了活动时间，这样的安排相对来说是合理的，效果也不会差。学生看了视频，填了调查表，听了别人的发言，一定会产生很多感触、引发很多反思、触发很多深情，这时候给父母写一封信就可能真情流露，所以才有了后面朗读所写内容时，读的学生无比动容，听的学生泪流满面的场景。

从操作的层面突出实践性

班会活动跟知识性课堂的最大区别就在于，它具有无法剥夺的实践性，因为它是以活动为载体的，丧失实践性的班会活动，即便做了最好的说教，都是形而上学的表面文章，没有任何活力和生命力可言，效果也一定会差强人意。我更主张称班会活动，而不称班会课的原因就在这里。班会课的特性之一就是活动性，更重要的是，我们在这里强调的主要是一种价值取向的指导与引领，行为方式的实践与体验。班会活动不是靠说教，它一定要通过实践给予学生真真切切的参与感、体验感和获得感。比如说，要帮助学生建立对劳动的正确认识，比较好的教育方式就是设计活动，参与具体的劳动体验，而不是看视频，参观劳动场景，要让学生在具体的劳动过程中，体验劳动的艰辛，收获劳动的快乐，从而培养起热爱、尊重劳动的美好品质，养成勤劳的习惯，哪怕这种劳动很简单。

内容与形式的选择要有灵活性

作为一门体验性课程，班会活动跟学科课程的教学相比，灵活性应该更大。一方面，一个科学有效的班会活动方案应该是有明确的目的性与程序设定的，它应该有规定动作的预设，还需要对生成性问题和情境作好预判并提前制定应对措施。另一方面，活动内容的呈现与展开，活动环节的设置和处理又应该是具有灵活性的。内容与程序要有预设，但预设不等于固化。当我们在组织活动时发现，某些观点或者判断似是而非，或者认识模糊，就应该灵活地处理，先就一个具体的点深入展开，而不是拘泥于预设的内容与流程。相对于学科教学而言，班会活动更应该减轻对"教案"

的过度依赖。活动中，学生的角色除了是参与者和体验者之外，他们还应该是活动的策划者和组织者，掌握着活动的主导权，班主任往往以一个引导者或者点评者甚至是嘉宾的身份出现在活动现场。许多情况下，班会活动要让学生来策划组织，让他们成为活动的创意者、策划者和主持人，他们才有可能无拘无束地发表意见，展示才华。班主任只是一个辅助者，或者只是方案设计中的一个高参，同时又是活动实施过程中的一个导演，一个强有力的后盾。

要关注活动效果的互补性

如前所述，班会活动是一门体验性的课程，是以活动为载体呈现的，让学生在活动中体验，在活动中感受，从而得到收获。但是，学生各有各的性格，各有各的经历，各有各的认知，他们的感受和收获也不尽相同。如何使活动作用最大化，如何使学生受到最充分的影响和最大的触动，这里就涉及一个互补性的问题。互补性如何实现？交流、对话、分享是最重要的途径。在交流、对话、分享中互相影响，互相感染，从而实现互补性，实现活动效用的最大化和普惠化。如果我们把某堂班会活动课的主要作用取向设定为：弘扬文化传统，过好自己的节日。在洋节日泛滥，传统节日影响力和吸引力逐渐淡化的今天，我们大力提倡继承传统，不管对于孩子还是国家、民族都是一件有意义的事情。如何组织好类似的活动，让学生受到最好的教益？板起面孔进行空洞的说教肯定不行，甚至会适得其反。这就要以一种开放的心态围绕中心话题展开广泛的、多维度多层面的探讨、辩论，老师也应该参与其中，发挥应有的引导作用。但从多元化与全球化视角看，我们对洋节也不能一味排斥，许多洋节日与本土节日原本就各有千秋，况且有不少洋节日的内容与形式是值得我们借鉴的，本就不是一个简单价值判断能解决的问题。如果能在充分的交流、对话、分享中，形成不同观点与认识的互补——同学之间、同伴之间、师生之间，甚至是与家长以及社会各界人士之间的这种互补，或许可以让我们达成某种新的认知。更为重要的是，在这个过程中学生的思想不断受到来自不同角度和立场的冲击和修正，从而在一定程度上达成共识，得到升华，明白面对多元文化冲击我们继承并弘扬传统文化的意义。我们设定的教育目标也就有可能达成。

在具体实施过程中还要处理好以下几种关系：

一要处理好针对性与序列性的关系。

如前所述，我们组织班会活动一定要有计划，但是也要从学校和当下实际情况出发，对既定的活动计划作出适时调整，组织具有针对性的班会活动，不放弃任何一个教育机会。比如说，近些年校园恶性事件频发，有学生互殴的，也有师生互殴的，还有跳楼自杀的。这就要考虑组织相关伦理教育的活动以及关于生命价值和意义的讨论，从而帮助孩子明确人与人交往的时候要冷静地控制情绪，当遭遇不满时要正确地发泄情绪等。更要帮助孩子建立正确的生死观，引导他们热爱生活，热爱生命，以乐观积极的心态面对生命历程中遇到的荣辱苦难。再比如说，进入青春期以后，男女生之间相互爱慕的现象比较多。许多学校出台了许许多多雷人的规定，什么男女生之间的最小距离不得小于 50 公分，男女生不能在同一个食堂吃饭之类的。这个时候，我们就可以组织一个以"异性之间如何交往"为主题的活动，帮助孩子正确面对自己身体和心理的变化，明白男女同学之间应有的相处之道，积极维护纯真的友谊，安全度过青春期，而不是简单地贴个"早恋"的标签了事。

二要处理好理论性与实践性的关系。

尽管班会活动是一门体验课程，但实践只有在科学的理论或者理念指导下才能保证正确性；反之，如果观念或理念与教育应有的价值取向发生偏差，那这些活动搞得越多，对学生的误导就会越大。所以，不管是班主任还是学校管理者，尤其是分管政教的同仁，在设计活动、采取行动之前必须找到科学的理论依据，切忌盲从、粗暴和随意。解决问题没有那么简单，首先是要合法，其次要合理，再次要合情，学校德育工作的开展，管理行为的实施，背后需要大量的政治学、心理学、脑神经科学和政策法规作为支撑，这样我们的教育才会在一条正确的道路上前行。

三要处理好有效性与灵活性的关系。

有效性与灵活性其实并不冲突。有效性是针对结果来说的，灵活性则是针对操作过程来讲的。我们所说的灵活性是指班会活动在具有序列性、针对性的基础上创新活动内容、丰富活动形式，从而实现最大限度的育人功能。也就是说，有效性是我们在设计和组织活动中首先必须考虑的问题，不管手段和形式多么丰富、多么新颖，都必须把有效作为根本指向和追求。我们现在之所以要强调处理好两者之间的关系，是为了不让班会活动落入形式主义的窠臼。总之，每次班会活动的行动选择和价值取向，我们应该了然于胸，每次的班会活动，我们需要追求的不是完美，而是有效。当然，在有效的基础上能够臻于完美那就更好了。

积极力量5：

顺其自然，因其固有——为每一个孩子的幸福奠基

卢梭主张"把儿童当作儿童"。他认为："在万物的秩序中，人类有它的地位；在人生的秩序中，童年有它的地位：应当把成人看作成人，把孩子看作孩子。"对儿童应进行适应自然发展过程的"自然教育"。他强调："如果你想永远按照正确的道路前进，你就要始终遵循大自然的指引。"这种自然就是人的天性，教育要顺其自然，因其固有。

卢梭"自然教育"原则给我们的启示

作为西方三大教育经典之一的《爱弥儿》，影响了一代又一代人。卢梭在书中分别对婴幼儿、儿童、少年的感官教育和智识教育进行了系统阐述，以德育、青年教育、爱情教育等视角建构自然主义教育。

卢梭认为，人生来就是自由、平等的；在自然状态下，人人都享受着自由、平等的权利，所谓天赋人权，强调的就是人的自由与平等。所以对儿童应进行适应自然发展过程的"自然教育"。在今天这种浮躁的教育生态中，读一读这样的教育哲学，似乎很有必要。

把儿童当作儿童

卢梭在《爱弥儿》中反复强调的一个观点是"把儿童当作儿童"。他认为："在万物的秩序中，人类有它的地位；在人生的秩序中，童年有它的地位：应当把成人看作成人，把孩子看作孩子。"对儿童应进行适应自然发展过程的"自然教育"。他强调："如果你想永远按照正确的道路前进，你就要始终遵循大自然的指引。"这种自然就是人的天性，教育要顺其自然，因其固有。他说："我们生来是有感觉的，而且我们一出生就通过各种方式受到我们周围事物的影响。可以说，当我们一意识到我们的感觉，我们便希望去追求或者逃避产生这些感觉的事物，我们首先要看这些事物使我们感到愉快还是不愉快，其次要看它们对我们是不是方便适宜，最后则看它们是不是符合理性赋予我们的幸福和美满的观念。随着我们的感觉愈来愈敏锐，眼界愈来愈开阔，这些倾向就愈来愈明显，但是，由于受到了我们习惯的遏制，所以它们也就或多或少地因为我们的见解不同而有所变化。在产生这种变化以前，它们就是我所说的我们内在的自然。"

但实际的情况是"我们从来没有设身处地地揣摩过孩子的心理，我们不了解他们的思想，我们拿我们的思想当作他们的思想；而且，由于我们始终是按照自己的理解去教育他们，所以，当我们把一系列的真理告诉他们的时候，也跟着在他们的头脑中灌入了许多荒唐和谬误的东西"，"我们对儿童是一点也不理解的：对他们的观念错了，所以愈走就愈入歧途。最明智的人致力于研究成年人应该知道些什么，可是却不考虑孩子们按其能力可以学到些什么，他们总是把小孩子当大人看待，而不想一想他还没有成人哩……"这样的问题，在我们今天的教育中似乎依然比较普遍。

用自然之道做最朴实、最纯真的教育就颇具启发意义，其反面就是尽量去除人为的、外加的、强制的教育以及这种教育理念。后者的思维方式，将大大削弱我们对"自然"（规律）的尊重和遵从。

孩子出生后，大部分父母的希望就是孩子能光宗耀祖、改变家庭际遇，能比别人的孩子强。上学了，家长之间闲谈时总是羡慕那些"优秀"的孩子，并希望自己的孩子能以那些"优秀"为标杆。学校也希望多些这样的"优秀"学生，考试前要孩子定目标，这次能考第几，甚至要超过某些同学；考试后还要公开或暗地里为孩子们的成绩排名。社会评价也同样如此，很少有人去想每个人的遗传基因不一样，更没有人去想想孩子内心究竟在想什么。

卢梭提醒我们："儿童是有他特有的看法、想法和感情的；如果想用我们的看法、想法和感情去代替他们的看法、想法和感情，那简直是最愚蠢的事情。"

《中庸》有云："天命之谓性，率性之谓道，修道之谓教。"顺应自然，就是顺应人的天性，而人的天性不是他者可以设计的。教育的所谓自然之道，就是"执其两端而守其中"的儒家中庸之道。卢梭在《爱弥儿》中从"自然教育"的原则出发，谨慎地设计着爱弥儿的教育：教育不是攀比，不是争斗，宁肯让爱弥儿一点东西都不学，也不愿意他只因出于妒忌或虚荣而学到很多东西。这对我们今天的教育依然是一种提醒。杜威在《明日之学校》里说："卢梭一生所说的话，所做的事，有许多是愚蠢的。但是，他认为教育应当建立在人的天赋能力以及研究儿童需要的基础之上就可以发现人的天性是什么，这是正确的。"

许多时候，教育可以"消极"一点

在许多教育大家的认识中，教育，是一项关于孩子的"可能"的事业。好教育，就是创生出更多的发展机遇和可能；坏教育，就是扼杀孩子原本的种种"可能"。今天教育的一个普遍问题是习惯于给孩子灌输"心灵鸡汤""正能量"之类的东西，而无视儿童的天性。

卢梭在《爱弥儿》中提出了这样一个儿童教育的法则："不仅不应当争取时间，而且还必须把时间白白地放过去。"他这样告诫我们：对儿童的教育"最初几年的教育应当纯粹是消极的。它不在于教学生以道德和真理，而在于防止他的心沾染罪恶，防止他的思想产生谬见。如果你能够采取自己不教也不让别人教的方针，如果你能够把你的学生健壮地带到十二岁，这时候，即使他还分不清哪只是左手哪只是右手，但你一去教他，他的智慧的眼睛就会向着理性睁开的；由于他没有染上什么偏见或习惯，因此在他身上不会有什么东西能够抵消你的教育的效果。他在你的手中很快就会变成一个最聪明的人；你开头什么也不教，结果反而会创造一个教育的奇迹"。所以，"在他们的心灵还没有具备种种能力以前，不应当让他们运用他们的心灵，因为，当它还处在蒙昧的状态时，你给它一个火炬它也是看不见的，而且，在辽阔的思想的原野中，它也不可能找到理性所指引的道路，因为那条道路的痕迹是这样的模糊，就连最好的眼睛也难于辨认出来"。

对儿童的教育，可以"让大自然先教导很长的时期之后，你才去接替它的工作，以免在教法上同它相冲突。你说你了解时间的价值，所以不愿意有分秒的损失。可是你没有看到，由于错用时间而带来的损失，比在那段时间中一事不做的损失还大，一个受了不良教育的孩子，远远不如没有受过任何教育的孩子聪明。你看见他无所事事地过完了童年的岁月，就感到惊奇！唉！难道说让他成天高高兴兴的，成天跑呀、跳呀、玩呀，是一事不做、浪费时间吗？"

今天我们相当纠结于"不要输在起跑线上"。成人恨不得孩子还没出生，就设计出一套又一套的发展路径，总是担心自己的孩子会落在别人后面。孩子一旦降生了，面临的就是父母带给他们的种种苦难：还没能看清世界，还没能牙牙学语，我们就让他们早早地进入了"早教"的轨道——听音乐、听故事、看电视、看图文、学中文、学外语、背唐诗、背宋词……上学了，更要面对这样那样的培训班。

我们总是担心孩子沉迷游戏，慢慢变得懒惰，厌学。殊不知"要是一个人为了把一生的时间全都拿来利用，就不去睡觉"，那就无异于疯子，没有发呆与休闲娱乐的人生使人"不但没有享受他的时间，反而损失了他的时间，因为抛弃睡眠的结果，是奔向死亡"。很多人不知道的是，"教育"在古希腊时代的原意就是"休闲"。

实际上，我们必须承认，阅读带给我们的，首先是对常识的回归。就卢梭的教育思想而言，卢梭认为"儿童时期就是理性的睡眠"，因为当"有感觉的生物一活跃起来的时候，它就可以获得同他的体力相适应的辨别能力；只有在保持自身生存所需要的体力以外还有多余的体力时，才适于把这种可以做其他用途的体力用来发展它的思考能力。所以，如果你想培养你的学生的智慧，就应当先培养他的智慧所支配的体力。不断地锻炼他的身体，使他健壮起来，以便他长得既聪慧又有理性，能干活，能办事，能跑，能叫，能不停地活动，能凭他的精力做人，能凭他的理性做人"。

与休闲睡眠相关的是"你必须锻炼他的身体、他的器官、他的感觉和他的体力，但是要尽可能让他的心闲着不用，能闲多久就闲多久。需要担心的，是他还没有判断感情的能力以前就产生种种的情感……所有这些延缓的做法都是有利的，使他大大地接近了最终目的而又不受什么损失；最后，还有什么东西是必须教他的呢？如果延到明天教也没有什么大关系的话，就最好不要在今天教了"。

华东师范大学的刘良华老师有个观点我比较赞同："身体"是教育的"起点"，也是教育的"终端"。在我看来，卢梭的所谓"消极"其实是另一种积极。一个人学得再多，没有充足的睡眠，没有强健的体魄也是白搭。

真正的教育不在于口训而在于行动

卢梭的"自然教育"充分尊重个体差异。而做到这种"尊重"的最关键之处是：将教育思考和实践完整对接，或者说叫"知行合一"。卢梭认为：

"真正的教育不在于口训而在于行动。"他主张"不要对你的学生进行任何种类的口头教训，应该使他们从经验中去取得教训"，"因为孩子们是容易忘记他们自己说的和别人对他们说的话的，但是对他们所做的和别人替他们做的事情，就不容易忘记了"。康德也有这样的主张。康德强调"训练是为了将儿童的动物性变成人性"，是为了约束儿童无法无天的行为，也就是人的兽性的一面，康德认为人的理性不是与生俱来的，是要通过成人的教化慢慢发展的，这当中最有效的方式就是行动。

"坐而论道，不如起而行之"。行为习惯的训练是为了"防止人从人文堕落到野兽冲动的深渊"，是使人"置于人类的法律之下"，因为人本来就有强烈的自有意识，但失控的自有意识会使人"不顾一切地唯自由是求"而任意妄为，"未经训练的人会很容易变幻无常"，一个人如果自幼一意孤行，毫无顾忌，长大后自然会无法无天。训练的目的就是要让儿童明白，一个人不可以随心所欲，要受到一定约束，一个人自小就当懂规矩，按规律行事，同时还应当明确自己应有的义务。事实上，许多孩子罔顾人伦的行为，比如弑师等，就是因为他们从小缺乏伦理规范下的自主实行。

从另一个视角来说，教育者要想达到让孩子在实行中明白道理，我们"在敢于担当培养一个人的任务以前，自己就必须要造就成一个人，自己就必须是一个值得推崇的模范。当孩子还处在无知无识的时候，你尽可从容地进行一切准备，以便让他最初看到的都是适合他看的东西。你必须使自己受到人人的尊敬，你必须从使别人爱你着手做起，才能使每一个人处处都想满足你的心意"。

为人父母要让自己成为孩子的范本，"要以行动而不以言辞去教育青年，他们在书本中是学不到他们从经验中学到的那些东西的。当他们无话可说的时候，硬要叫他们练习口才，当他们没有什么事情要说服别人的时候，硬要他们坐在教室的板凳上感受豪迈的语句的力量和巧言服人的妙处，这是多么荒唐啊！"如果我们想要子女从小就知道爱，知道分享，知道独立，知道理财，知道尊敬，知道交往，知道感动，那就得少关注考试成绩，多关注学习状态；少关注孩子的享乐，多关注他们的独立生活；少一些武断，多一些商量；少一些教训，多一些示范。

因为"所有一切都是通过人的感官而进入人的头脑的，所以人的最初的理解是一种感性的理解，正是有了这种感性的理解作基础，理智的理解才得以形成，所以说，我们最初的哲学老师是我们的脚、我们的手和我们的眼睛。用书本来代替这些东西，那就不是在教我们自己推理，而是在教我们利用别人的推理，在教我们老是相信别人的话，而不是自己去学习"。

就如康德所说："要形成儿童的品格，最重要的是提醒他们每一件事都有一定的安排、一定的规则；而且必须坚持这些条理和规则。""人天性爱好自有，就必须摒除野性。"康德认为，"向善必须为每一个人所承认，同时也是每个人的目的"，事实证实：一个幼年被忽略了训练的人，长大了必然粗鲁与无理，改善人性在于良好的教育，"教育最大的秘密便是使人性完美"，"提高人的品格，使人性具有价值"，进而使人看到美好的前途与希望。

从这个角度说，帮助幼儿成为独立生活的人的活动，就是教育。这样的活动必须让儿童自己去了解、领悟作为一个人所应尽的义务、责任和行为，这样才能使他们在教育过程中慢慢地成为一个"真正的社会人"（马克思语）。

卢梭的观点提醒我们的是，作为教育者，我们在教育过程中必须心存人的观念、人的尊严，并以此来教导儿童。这大概也是卢梭所谓的儿童立场。教育作为成人、立人的命业，就要从人出发，从人出发就要顺乎自然。顺乎自然并不等于放纵。度在哪里？读读《爱弥儿》或者会有启发。但要很好地理解卢梭的"自然教育"的观点，我以为还可以读一读杜威的《民主主义与教育》和康德的《康德论教育》。前者的核心理念是"儿童立场"，这样的立场与卢梭的"自然教育"是相通的。后者同样主张从儿童出发，但也强调了训练对于儿童的重要性。参照起来读，或许更有收获。值得我们关注的是，今天脑神经科学研究中关于基因、神经元与人的发展的关系也为他们的观点提供了科学依据。如果我们在读《爱弥儿》的时候，也能关注一点脑神经科学理论，或许对卢梭的教育哲学会有更为深刻的理解。

不成熟才有可能生长

卢梭的"自然教育"观，并不拒绝养成教育。恰恰相反，他认为教育的问题所在是孩子"学了一条条语法规则，可就是没人给他们讲做人的道理"。教育对孩子而言，需要的恰恰是做人处事的道理与方式，而这些道理与方式绝不是靠说教与训诫可以达成的，需要的是在"顺其自然，因其固有"基础上的养成。

"养成教育"的内容应因人而异

或许我们都知道，1978 年，75 位诺贝尔奖获得者在巴黎聚会。有个记者问其中一位获奖者："在您的一生中，您认为最重要的东西是在哪所大学、哪所实验室里学到的呢？"他回答："是在幼儿园。在幼儿园里，我学会了很多很多。比如，把自己的东西分一半给小伙伴们；不是自己的东西不要拿；东西要放整齐；饭前要洗手；午饭后要休息；做了错事要表示歉意；学习要多思考，要仔细观察大自然。我认为，我学到的全部东西就是这些。"这"全部东西"就是我们所讲的"习惯"。

可见"习惯"对人的影响之大，习惯是一种生长的表现，用杜威的观点来讲，教育即生长，它使每个人的生命状态，在一种默契与和谐的氛围当中生长起来。学校教育的一项基本任务就是"养成教育"，也就是我们习惯上所说的"行为习惯"培养。但有时候还真不可迷信习惯的作用。曾看到一位校长有一个惊奇的发现：学生成绩的好坏，居然与抽屉是否整齐有关。我想问问各位同仁，是不是所有抽屉不整齐的人，学习成绩都不好，是不是所有抽屉整齐的人，学习成绩一定是好的？"东西要放整齐"对诺贝尔奖获得者而言，可能影响很大，但未必适用于所有的人。我说这个观点，其实是想提醒各位，"养成教育"的内容可能更应该因人而异。任何教育行为，都不可以神化与绝对化。同样的方式方法，放在这个孩子身上可能是可行的，放在那个孩子身上就不一定行。不同的家庭教育，不同的遗传基因，对人的生长有不同的影响，教育所能做的只是干预与影响。

生长的首要条件是未成熟的状态

谈"养成教育"，首先要弄明白一个人生长的首要条件，杜威认为生长的首要条件是未成熟的状态。而在我们的观念当中总觉得成熟才是目的，当我们讲这个老师不成熟，这个学生不成熟时，往往带有批评的意思。其实，人的生命状态，或者说生长的状态，最大的特征就是不成熟。因为不成熟，才有生长的空间与可能。我强调这个观点是为了与各位教育同仁共勉，我们对同行也好，对学生也好，要有一颗包容之心。人无完人，每个人都会犯错误，按照主张批判性思维的学者的观点，每个人都会犯错误，所以在主张批判性思维的学者那里有一个"错误主义"的概念。人有错误才是正常的，不完善才是正常的。

不成熟是正常的，犯错误是正常的，相反，成熟和完美是不正常的。为什么？往往"成熟"与"完美"是可以伪饰的，人的言行具有趋利性和避害性，一般而言在公众场合每个人总是会设法将自己"美的一面"呈现在人们面前。我们说话、做事，比如回答问卷调查的题目时，尽管许多时候是匿名的，但是大家回忆一下，你在做的时候，是否都反映了你内心的真实想法？为什么不会有所选择呢？一般而言，成人总是会顾忌到自己的真实想法跟这个时代，或者说这个制度的价值取向是否一致。如果不一致，一旦被领导或者同仁知晓了，你就有可能会成为另类。这还不可怕，可怕的是你就可能会被孤立，会成为众矢之的。那么，你的危险，也就有可能接踵而来。现实就如保罗·格雷厄姆所说："要是能坐上时间机器回到过去，不管哪一个年代，有一件事都是不会改变的，那就是'祸从口出'。你一定要小心自己说的话。自以为无害的言论会给你惹来大麻烦。今天，说地球围绕太阳运转真是再平常不过了，如果换在 17 世纪的欧洲，这么说就大难临头了。伽利略说了这样的话，结果遭到了宗教法庭的审判。"

青少年学生，作为未成熟的人，因为生长而有活力。未成熟恰恰构成了他们的可塑性。因为不成熟，才可以有发展的空间，也就给教育带来了可能。《康德论教育》在谈及教育的功能时有这样的表述："教育最大的秘密便是使人性完美，这是唯一能做的。"康德强调"改善人性完全在于良好的教育"，换个说法就是能使人性慢慢变得完美的教育才是良好的教育。

当一个人"经过教育继续改善人性，提高人的品格，使人性具有价值"，是非常可喜的。遗憾的是我们现实的教育除了做练习，还是做练习，即便是打着各种各样素质教育旗帜的"教研"与"教改"，其指向几乎都是考试效率与升学指标，很少有着眼于人品与人性的。

教育要让每一个人都获得进步

康德倡导使人性完美的教育，借用尼采在《论我们的学校未来》中所言："现代学校教育的目的将必须是：让每个人获得进步，让所有的个体都能得到发展。通过这种方式可以增加知识，并从知识中知晓，他们可以获得最大可能的幸福和收益。每个人都将必须有能力去准确地评价他自身，将会必须知道他能从生活中得到多少。"简单来说，就是教育要让每一个人都获得进步。

可塑性是获得习惯，或者获得一定倾向的能力。因为可塑性，学生才可以获得某种习惯。所谓的养成教育，其实就是培养人的某种习惯。我们经常讲，好习惯造就好人生。有人说"21天培养一种习惯"，但大家有没有尝试过21天真的可以把你的某一个习惯固化下来呢？难说。人之所以为人，就在于他还有另外的麻烦，一是惰性，二是惯性。他过去的种种行为习惯，你要通过几年的学校教育帮他改过来，其实是很难改变的。

习惯的养成是一个漫长的、渐进的过程

在康德看来，习惯的养成是一个漫长的、渐进的过程。这渐进可能是几代人的，因为人的天赋不可能自行发展，要发展人的天赋就需要教育。好的教育一定是基于具体的个人和场景随机而行的，好教师自然能根据具

体的情境自由选择和运用教学计划与方法，相机而教。教育要让人走向完美，对具体的个体而言，只能有一个大致的目标，让人们各自去努力，而不是要求所有的人用同一种方式去达成同一个目标。教育不是工业化生产，不是制造标准件，用大工业时代的理念来做教育显然是不可能提升人品、改善人性的。如果我们看不清这一点，自然会为时下纷乱的教育"改革"所迷惑。

从某种程度上说，一个人不可改变才是正常的，或者说不愿意接受改变才是正常的。教育，在许多情况下要有度。亚里士多德主张，人们追求真理的目的是为了获得适度的理性生活，所以要避免走向极端。走极端的问题有两个：过和不及。他打比方说，在吃的方面，如果一个人吃得太多，就会肥胖，而缺乏能量，又会妨碍健康或者导致死亡。唯有懂得把握度的人，即思考着的人，才会避免这类无节制。适度，就是"黄金中道"，也是避免走向极端之道。

如今之教育无论家庭还是学校，问题更多的就是过度，当然也有失度的。家庭教育，总是想着早教，甚至胎教；学校教育总想着有效，甚至高效。于是，我们很少顾及"儿童所受的教导应该与年龄相符"的基本常识，我们总是为孩子的少年老成而得意，为孩子的成人化而兴奋，很少从方仲永的故事中汲取教训。我觉得《康德论教育》中谈及的许多观点，很值得我们深思。老师们在实施"养成教育"时，千万不要为学生的早熟而兴奋，因为从成长规律上看，早熟的孩子不可能有大成就。同样，我们也千万不要为所谓的"高效"所迷惑，"高效"的，一样是违背教学规律的。因为儿童应该有儿童的智慧，绝不是成人的智慧；教育应该有教育的智慧，而不是生产的智慧。还有，教育就如不能容忍一个儿童追求时尚一样，因为过早的时尚，只会助长虚荣，不仅是教师个人的虚荣，还是学校的虚荣，甚至是一个区域、一个社区的虚荣。

到什么年龄，长什么智慧

到什么年龄，长什么智慧，这就是常识，这就是规律。不按常识和规律办事，必然祸害教育，祸害人生。作为教育者，我们不仅应当明白学习的不同阶段有不同的情况和需要，更需要保持对学习的终极目标的关心。

这目标，用杜威的观点来看，就是生长——肉体的、精神的。但这生长又是有规律的，循序渐进的，不是高效速成的。

康德那家伙也是天真，说什么"人们应该尽早向儿童灌输'好'和'坏'的观念"，问题是"好"与"坏"如何区分，是一件很费神的事。他老人家说得轻巧的是，"道德教育的第一要务是确立一种品格，即按照准则来行动的能力——开始是学校的准则，然后是人性的准则"。这个度是最难把握的，但是又是必需的。

如何实施"养成教育"？我的建议是：强化规则，循序渐进，借鉴方法，学会提问，坚持思考，在体验中养成。

养成教育是慢的教育

养成教育，重在养成，既然是养成，那就急不得，就得慢慢来，还得分步实施。

守时守信应成为养成教育的第一步

守时守信是契约精神的关键所在，"契约"一词源于拉丁文，原义为交易。其本质是一种契约自由的理念。所谓契约精神是指存在于商品经济社会，而由此派生的契约关系与内在的原则。契约精神本体上存在四个重要内容：契约自由精神、契约平等精神、契约信守精神、契约救济精神。契约自由精神是契约精神的核心内容。这种契约精神经犹太教、基督教的传承和弘扬而在西方文化传统中根深蒂固。

简单地说，契约精神就是说话算数，一旦作出了承诺必须执行，并不打任何折扣地执行。而我们向来缺乏这种契约精神。我们强调的是纪律与规则，包括约定俗成的习俗。我以为，守时守信应成为养成教育的第一步。

康德强调"改善人性完全在于良好的教育"，"教育最大的秘密便是使人性完美，这是唯一能做的"。换个说法就是，能使人性慢慢变得完美的教育才是良好的教育。我以为美好的人性始于良好的教育，良好的教育始于说话算数。孔子云："人而无信，不知其可也。"一个人想要在社会上立足就得守时守信，忘信背约必遭唾弃。

重在强化规则

养成教育，重心是强化规则，要让学生有规则意识，在今天所谓的规则意识，首先就是要遵纪守法。另外，还要遵守社会习俗。康德曾提出这样一个问题，一个人有一笔今天要还的贷款，但他看到另一个人急需用钱，基于怜悯之心，他把这笔钱给了那个人。这是对的还是错的？康德的回答是，这是错的。在康德看来，怜悯救人虽然是一种慈善精神，但还债是义务，我们总不能弃义务而行慈善。

康德主张儿童的品格训练必须坚持这样三个原则：服从、诚实与合群。在他看来，幼小的儿童首先要教导的就是听话。也许我们会问，这会不会压抑个性、限制自由呢？康德这样回答："要形成儿童的品格，最重要的是提醒他们每一件事都有一定的安排、一定的规则；而且必须坚持这些条理和规则。"比如儿童的吃饭和睡眠问题，就应当有一定规范，在当下这个独生子女相当普遍的社会现实下尤其值得我们注意，该吃饭的时候就要吃饭，该睡觉的时候就得睡觉，决不能放纵。但在我们的现实生活中对这些看似不重要的事，更多的则是迁就与放纵。这或许就是为什么学校里的孩子之间的欺凌现象会频繁出现的一个原因。康德十分清醒地认识到要让孩子从小就了解：要让遵守规则的人信赖一个不守规则的人是一件很困难的事，因为在他们眼里不守规则的人是不可信赖的，会让社会抛弃的。

习惯是人的第二天性

实用主义哲学代表人物威廉·詹姆斯在《与教师的谈话》中特别强调习惯对于人的教育与成长的作用，他认为"教育包括在人类的资源组织和力量的行驶中，这使人类得以适应社会环境和物质环境。一个'未受教育的'人是一个除了最习惯的情景以外对所有的事物都感到困惑的人。与之相反，受过教育的人通过记忆中储存的榜样和所获得的抽象概念，能够在以前从来没有过的环境中解救自己。简而言之，将教育称为获得行为习惯和行为倾向的组织，这是再好不过的描述了"。

从事教育的学校、教师，留给学生的最重要的就是习惯，教育的重要任务就是培养学生的习惯，学校和教师"应该帮助他们养成习惯，引导他们获得行动的能力——情感的、社会的、身体的、口头表达的、技术的或其他没有提到的"。我们必须清醒地认识到习惯对于人的生长的重要性远胜于教材的内容和试卷上的题目，因为"事实上，我们的美德和邪恶都是习惯"。

身为教师，我们首先必须检点的是我们自己身上的许许多多习惯是不是堪称表率，所谓"一日为师，终身为父"与其说强调的是师道尊严，倒不如说是对教师言行提出的要求，也就是说，我们必须牢记教师的身份，努力改善我们的言行，哪怕是细小的举止甚至服饰打扮，为"父"的一定得像"父"。

"教师首先要关心的应当是把多种对整个人一生的发展最有用的习惯植根于学生身上，教育是为了行为，而习惯是构成行为的原材料。"现实教育中，我们尽管也知道习惯对于一个人的生长的重要性，也会将习惯决定命运等话语挂在嘴边，但在实际工作中我们的问题往往又表现在自身的不足上，比如我们的言语总是习惯于上对下，习惯于训斥，习惯于絮叨；我们的行动又总是习惯于简单与粗暴，习惯于控制与管束；我们的内心则更习惯于服从，习惯于随大流，甚至习惯于所谓的"时尚"。我们很少有自己的思考和建树，有的更多的是人云亦云。我们却不知道，正是我们的这些习惯压制了孩子本该有的灵气与智慧，使得他们一个个成了泥塑木雕，我们还给他们冠以呆滞愚钝的大帽子。

我们的另一个毛病是在对学生习惯的养成上要求不严，没有持之以恒的坚持，总是运动式的一阵风，风刮过去了，要求也就过去了，根本没有认识到"习惯是我们的第二天性"。针对我们这样的毛病，威廉·詹姆斯提醒我们"每一次松懈就像让线上的球跌落，一次滑落松开的线需要再一次缠绕许多圈。连续不断的训练是使神经系统确定无误的运作的最好方法"，当我们在培养孩子的某一种经验证实了的，对人的成长有益的习惯的时候，"绝对不要容许例外发生"，直到新的习惯确定无疑地在孩子的生活中扎下根来才罢，所以我们要在孩子们由童年到少年，到青年，到成人的生命历程中早作打算。

每一个人在适当的年龄都会对某些事情产生特定的兴趣，如果"不持续地以合适的内容培养它，使之成长为一个强有力的和必备的习惯，它就会消退并且丧失掉，被相反的兴趣所俘虏"。譬如当青春期的孩子对异性产生好奇和欲望的时候，我们总是视之如洪水猛兽，总是采取种种堵的方式，很少考虑如何在这个阶段教给孩子与异性相处的态度、方式和方法，几乎没人去考虑培养孩子与异性相处的习惯。曾经有学生向我反映他们的老师禁止他们与异性交往，问我怎么看。我告诉他这样的禁止是不合适的，有男有女方为"好"，但在这个年龄怎么好，好到什么程度，是有考究的。我给大家的提醒是，想想我们自己在那个年龄段是怎么过来的，难道我们对异性就无动于衷吗？如果不是，我们为什么没有出问题呢？为什么我们能做孩子就不能做？其实，我们要做的恰恰就是从孩子的身心特点出发，给他们以良好的建议和指导，帮助他们形成良好的与异性交往的习惯，要知道这个时机丧失了，对他们未来的人生道路上如何与异性交往是相当不利的。

在这里借詹姆斯的观点建议我的同仁们，作为教师我们要清楚地认识到"一个人的'天性'，'性格'，只不过意味着他习惯了的联合方式——'邻近率'（由一个客观实体想起了它的名字，或者反之）与'相似率'（将细小的观念联合起来，将一种观念与另一种观念联系起来）"。教育的结果就是"一点一点地充实人的心灵，随着经验的增加以及观念的储备"去"迎接生活中最为多样的危机事件"。

养成教育需要循序渐进

人的习惯的形成不是一步到位的，是在不断的训练中慢慢巩固与养成的，养成教育的一个重要原则就是由易到难，每一种习惯的养成，总是渐进的，步步为营的，一步一步提升的。问题是我们的养成教育和道德教育的序列往往与孩子们的心智发展背道而驰。从幼儿园开始就倡导爱祖国，爱人民，到了大学，再谈关爱生命。整个序列反过来了。按照人的认知规律来看，首先需要的是对个体身体与生命的认识，学会呵护身体，关爱生命，等他们慢慢知道什么叫集体，什么叫祖国和人民的时候，再进行爱祖国、爱人民的教育，他们才有理解的可能。如何实现养成教育的序列化、渐进式，我觉得民国教育家刘百川早年提出的小学生"训育标准"在今天依然有参考价值。

第一阶段，有"不撒谎""肯替团体做事情""肯帮助他人""喜欢同学和弟妹"，然后是"每天看见先生和同学要行礼""不糟蹋吃的和用的东西""听从先生和父母的话"，尤其是"不哭""不害臊"。对幼儿园和小学一二年级的学生来讲还真的不是一件容易的事。现在的孩子平时可能上课还能发言，一旦后面坐了两个听课的，就不发言了，害臊嘛。

第二阶段才讲"捡到东西设法归还"。幼儿园的孩子以及小学低年级的孩子捡到什么自己喜欢的东西，总是想占为己有，叫他还，他不情愿。他不知道那是人家的，他只知道自己喜欢。叫他还，就又哭又闹，否则你就要给他买一个。想想看，他一哭你就给他买，带来的是不是麻烦呢？到什么时候，增长什么知识。到什么时候，提什么要求。比如，一二年级的小朋友，叫他们小组合作，小组讨论，靠谱不靠谱呢？

第三阶段开始谈"借人的东西，要得人家允许""说话要负责""允许人家做到的事，要按时做到""爱护公共的物件"等。因为经过几年的学校教育，他们有了这个认知基础了。

第四阶段才开始谈"爱护党国"什么的。

这四个阶段是从小学生的心智特点出发逐步提高要求，步步为营推进的。

刘百川先生还特别强调"谈话要在密室里进行"。这在今天也是值得我们认真思考的一个问题。

养成教育重在训练

教育，没有灵丹妙药，跟其他行业相比，最大的差异是教育面对的是活生生的人。班级管理片面强调纪律，片面强调统一要求，强调军事化的管理，强调服从是有违儿童立场的。儿童立场是什么？儿童首先是个人，人是有感情的动物，还是群居的动物、有思想的动物。既然是群居的就有可能要打打闹闹，既然是有思想的，就有可能对学校的举措，对教师的要求有不同的看法，甚至于明里暗里跟你对着干。因为是人，他今天的想法和昨天的想法可能就不一样，甚至于现在的想法跟一秒钟之前的想法也不一样。人是活着的生命个体，每个生命个体对同一个事物的认识是不一样的，即便是同一个人对同一件事情在不同的背景下，在不同的生态下，他的认识也是不一样的，这就是我们这些天底下最难做的，但是又最没有权的、最痛苦的官儿——班主任每天遭遇的。

多以提醒的方式出现

尽管体制框架如此，尽管人是变化无穷的，但既然做了班主任，就得尽可能地从儿童的视角去观察去思考如何改善班级管理。从上到下有个《中小学生守则》，还有个《中小学生日常行为规范》，整个学校所谓的德育工作，基本就是在一个德育大纲和学生守则、行为规范的框架下，各地区的教育局又制定了相应的规章制度，我们学校还有相应的规章制度，甚至善于动脑筋的班主任还有自己的班级班规，这些就像一道又一道的绳索将孩子捆绑起来。我们的学生守则、行为规范，乃至我们的校规班规使用频率最高的词语是"不许""禁止"之类，语气是居高临下的、命令式的。或许这就是我们费了不少心思，花了许多精力，但成效却不大的原因之一。

我建议无论是班主任还是教师跟学生相处的时候多以提醒的方式出现。提醒的方式，对孩子而言可能更容易接受一点。班级管理的中心其实就是养成教育，也就是培养学生的习惯——生活习惯、学习习惯、交往习惯、听课的习惯、作业的习惯，如果是寄宿制学校，还有就寝的习惯，这当中更重要的是尊重自然、尊重生命的习惯。习惯，用杜威的观点来看是生长的表现，一个人的生命生长。因此，人们常常把教育解释为养成能使个人适应环境的种种习惯。

通过训练规范行为

人生下来是具有动物性的，这动物性从某种程度上而言就是作为动物的兽性——争强好胜，贪婪自私，不讲道理……慢慢长大的小孩子即便没人教他，他觉得好玩、好吃的是一定要占有的，很少有孩子在没有经过训练的时候愿意把他认为好吃的和好玩的给别人。康德强调"改善人性完全在于良好的教育"，换个说法就是能使人性慢慢变得完美的教育才是良好的教育。教育在某种程度上而言，就是一种训练，通过训练规范行为，也就是我们所谓的习惯，训练是为了剔除人身上的兽性，彰显人身上的人性，使一个自然人慢慢地成为一个社会人，由自然人成为社会人，有兽性的减少和人性的增加，这就是一种生长。

养成教育还不能忘记杜威的观点：不成熟才有生长的可能。我们经常批评孩子不成熟，其实我们忘记了，这正是他们的可贵之处，一个孩子如果过早成人化，过度老成，其实是一件很可怕的事情，民国教育家刘百川是这样看待杜威的观点的："儿童的生活有他本身的价值，并不是成人生活的准备，所以我们不能再以'少年老成'的观念来希望儿童了，应当让他有他自己的生活，我们一定要承认儿童与成人在生理、心理上都有其不同的地方，实施儿童教养，应当使儿童生活儿童化，不要使儿童生活成人化。"小学语文教材上选了一篇《杨氏之子》，讲杨氏之子十分聪明，但是换一个角度来讲，一个小孩子，无论是什么场合，不论对象，一旦遇上哪个成人跟他开玩笑，他都伶牙俐齿，以牙还牙，是可爱还是可怕？有不少这样老成的，做任何事情都滴水不漏，其实不是一件好事，是人都会犯错，是人都会有情绪。再回到另外一个层面来讲，我们这些中老年班主任，教了几百几千个学生，这些学生毕业后成大业的，或者说还能想起你的，究竟是当年成熟的孩子居多，还是不成熟的孩子居多？从这个层面讲，在我们进行养成教育的时候，对那些调皮捣蛋的、经常出问题的孩子，及时给他们一定的提醒和帮助，他们将会终生难忘。班级管理不要偏爱我们固有的意识当中的好学生，相反，对我们意识当中的那些调皮捣蛋的、天真烂漫的孩子，应该给予更多的关注、提醒和帮助。

相信人的可塑性

可塑性是一个人能够得到发展的有一定倾向的能力。作为教师，应该关注每一个孩子的天赋，或者说潜能。什么叫天赋？天赋，最根本的是遗传基因，一个人究竟能走多远，起决定作用的不是教育而是基因，从这个视角看教育的功能是有限的，但不教育又是不行的。通俗地说，好种才能出好苗，好苗还要种在好的土壤里，还要有好的培管，这个所谓好的土壤、好的培管包括一个人的家庭背景、家庭环境、所处的社区。脑神经科学研究表明，除了基因，同侪影响也很重要，同侪就是同龄的伙伴。同时脑神经科学研究还告诉我们，人的大脑一直在发展，一直在变化，大脑有可塑性，"它的神经回路是可以改变的"。洪兰教授介绍了一个经典的案例，一个早期被诊断为重度自闭症的儿童，医生诊断为永远不能说话。孩子的妈妈经过思考，决定辞掉工作，自己回家带孩子。别人教孩子说话都是以次为单位，而这个孩子的妈妈以"万次"为单位。最终，这位妈妈成功了，孩子能开口说话了。这个奇迹是如何创造的呢？在给这位儿童做脑扫描检查时找到了答案：由于妈妈不懈地努力，孩子的大脑有了发展和改变，其部分功能得以迁移，最终促使孩子开口说话。"大脑的发展，有先天后天之分。先天决定的是神经的连接方式，后天决定的是神经的连接密度，而密度是可以改变的。换而言之，后天的教育可以改变大脑。"这就是训练的作用。

规则意识应成为训练的重点

人是一种群居的动物，人必须跟他人交往，跟人交往就必须适应、恪守规则，包括约定俗成的一些乡规民俗。作为现代人，还要遵守法律法规，比如，不闯红灯，不侮辱他人的人格，不占有本不应该属于自己的财物，等等。

康德认为"不规则的人不可信赖"。"训练是为了将儿童的动物性变成人性"，实质是为了约束儿童无法无天的行为，也就是人的兽性的一面，人的理性不是与生俱来的，是要通过成人的教化慢慢发展的，教育的价值也许就在这里。

享受自由、尊重个性并不意味着教育不需要约束，事实上一个人想要获得充分的自由，彰显独特的个性，还因为有着那些有助于人们自由与个性发挥的种种保障措施，这些措施在保障人们的自由与个性的发挥的同时也规范着我们的言行。克里夫·贝克在《优化学校教育》中说："从远古时代起，人类仅仅是为了活着和谋取最低限度的安适，就被迫从种种原料中去找遮挡物，建造防御工事以抵挡野兽，收集种植或者猎取食物。"这种被迫，其实就是一种约束，没了这些约束，也就难得最低的安适。教育在拓展人的自由与个性的空间的同时，有责任告诉每一个人："如果我们希望从我们所处的团体中去谋得经济、文化、社会或其他方面利益的话，那么我们被迫在最低限度上适应这个团体业已建立起来的生活方式。"

回观当下教育，许许多多情况下对孩子的训练是有偏差的，一个个要求，一条条禁令，一场场活动，一张张试卷，目的就是一个：通过机械的训练让我们的孩子学会服从，学会看成人脸色行事。在《康德论教育》中我们可以看到"训练"与"服从"的概念的频繁出现。康德认为人的幼儿期与动物相比显得相当长，人与动物相比其生活相当复杂，但是人出生后又是不知道独立生活的，因此没有保育、训练、教养以及培植人就无法生长，所以"人只能靠教育才能成为人"，保育是为防止出现伤害，因为幼儿不懂得怎样生活，因此会因为他们的妄行伤害了自己；训练是为了使人成人，因为人与动物的区别在于需要理性。

训练是为了将儿童的动物性变成人性

康德批评了现实社会中人们对守规矩的人的偏见，他认为，我们对那些有规律的人的"刻板""迂腐"的批评是不合理的。他认为"每件事都按时做，每个行动有固定的时刻"，虽然看似"迂腐"，但从一个人的长远来看"却有助于品格的形成"。

康德认为"人天性爱好自由，就必须摒除野性"，训练的目的是使人向善，"向善必须为每一个人所承认，同时也是每个人的目的"，事实正是一个幼年被忽略了训练的人，长大了必然粗鲁与无理，改善人性在于良好的教育。我们不可以只将教育视为幻想和美梦，也不应该畏惧教育的复杂性，而应从人的发展出发，立足当下，面向未来作出我们可能的努力。训练的最终目的是让学生学会思想，弄明白人在更多的时候必须按照规则行事，而不能随心所欲，随意行动。

帮助学生成为独立生活的人的活动，就是教育。这样的活动必须让学生自己去了解、领悟到自己作为一个人所应尽的义务、责任和行为，这样才能使他们在教育过程中慢慢地成为一个人。作为班主任，在学生的养成教育过程中必须心存人的观念、人的尊严来教导学生，其实这种人的立场就是学生立场。退回到教育者自身来看，所谓的人的立场，首先要求我们自己成为一个独立生活的人才行，所谓得人成人，从这个角度来理解，或许更实在一些。所以康德认为"教的人要受过教育"，"没有受训练和教导的，就不适合教学生"。养成教育重在训练，这训练不仅指向学生，也指向教育者自身。

教育，要培养出过完善生活的人

美国学者阿伦·奥斯恩坦认为："哲学为教育工作者尤其为课程专家们提供了组织学校课程的框架。它帮助他们回答什么是学校教育的目的，什么学科是有价值的，学生应当如何学习以及应当使用什么样的方法和材料等问题。"一所学校秉持怎样的教育哲学在很大程度上影响着它的决策、选择以及可能的备选。作为具体的教师也是如此。因为从某种程度上而言，教师就是学校课程的研究者与实施者，每一位教师的教育哲学也会在很大程度上影响他们的决策、选择以及可能的备选。

好的学校会在学校哲学与其他关系中寻找理想的契合点

不可否认的是，今天的任何一所学校，除非它的学生不参加现有框架下的考核与评估，其学科课程设置，主要不是学校所能决定的，学校能做的只是在有限的范围内确定地方课程与校本课程的取舍与实施。但这并不意味着我们就无从选择。至少我们在校园文化、教室布局、教辅资料、作业布置、教学活动的组织，乃至具体的教学方法上，还是可以有所作为的。换句话说，有什么样的教育哲学，对以上方面就有怎样的决策、选择与备选。

一所好的学校会在学校哲学与其他关系中寻找理想的契合点，包括对学习者的研究，对当下生活的体验，对新观念、新技术的关注，以及对来自各方面的建议的批判性吸纳等。这样的学校不会固执地囿于一隅，相反，它会以一种开放的心态处理学校的决策、选择和备选。就如杜威所言，它的目标是要"培养出过完善生活的人"。我理解的完善生活，其实就是自由思想、敢于批判、有创造力的生活。

从管理者的层面来看，要"培养出过完善生活的人"，首要的恐怕是要明白学校其实可供学生学习的东西和时间是有限的，如何利用有限的时间教授学生重要的东西，才是学校教育管理的重心所在。就当下而言，最为重要的是努力改变仅仅将眼睛盯在提升学生的学业水平和考试成绩上的眼前目标，力戒急功近利的价值取向与行为方式，至少要在现有框架下，竭尽可能地在学生当下的应试与适应未来的社会发展中寻找平衡，既不一味地向学生灌输服从社会需要的思想，也不一味地强调张扬个性。

教育是改变人们行为模式的过程

美国课程论专家泰勒认为教育是改变人们行为模式的过程。这里的"行为"是指广义上的行为，包括人的思维、情感以及外显的行为。如上所说，教育哲学影响着一所学校和它的教师的课程教学的主张，课程资源开发与整合的意识，以及课程实施的策略、方法与路径。就管理者而言，需要明白的是，在今天这个不断变化的时代，学校的决策、选择和备选应为师生创造与个人特质相匹配的、为终身学习奠基的更加复杂的学习模型。

今天的学校面临的挑战之一就是评估，尽管目前林林总总的评估考核方案，都有方方面面的指标与细则，但在实际评估中，在人们的潜意识中，考试成绩和升学率才是干货，是硬指标，其他的不容易考核，也不可能在短期内有可见的成效。作为管理者，不考虑考试成绩和升学率显然是不现实的，问题是如何在提升考试成绩和升学率的同时为师生朝着过完善生活提供可能。

不过更大的困境是，管理者在许多时候已经习惯了对上服从，对下打压，或者说，他们在许多时候已经自觉不自觉地成了"专制的管理者"。弗雷勒认为，"专制的管理者"总是想方设法地用"最阴险的形式"，通过各种各样的技术和手段向教师灌输对自由的恐惧，"学校校长可以足不出户地看到、听到教师在教室里说了什么，做了什么，借以控制教师"，尽管教师也知道校长不可能24小时地控制着他们，也不可能同时控制几十个几百个教师，但他们知道"他们每个时点是处于监控中的"。试想一下，一个人总是处于被监控的恐惧之中，会是一种怎样的精神状态与工作状态。

就我们的财力和技术而言，类似弗雷勒所说的"校长可以足不出户地看到、听到教师在教室里说了什么，做了什么，借以控制教师"貌似还不普遍。但我们有因地制宜的土办法：精细化管理、精致化管理、计划制订到每一天；推门听课、突击性听课、统一考试、不定期抽测；领导蹲点、跟踪指导……各种各样的管理创新，不怕做不到，就怕想不到。

更为可怕的是，我们的教师也如当年巴西的教师一样，总是自觉不自觉地选择"被教学包自身所压迫，被教师指南所束缚"，其创造的积极性受到极大的限制，"教师和学校的独立性受到约束，不能创造出预先包装的实践所喜爱的成果：喜爱自由、敢于批判，以及有创造力的孩子"。教师们早已经习惯了在"教师指导用书""优秀教学案例"等以及行政意志下形成的诸如"导学案""讲学稿""活动单"的束缚和压迫下丧失了自己的独立思考、批判意识和创造精神。很少有人面对这样的现实去思考自己的所作所为与我们预设的培养具有创新精神人才的目标是达成一致了，还是背道而驰了的问题。因为对每一个具体的教师而言，早已经习惯了这样的束缚与压迫——如果我们不按照这样的思路出牌，将无法应对现行的中高考制度，所以我们总是用"制度不变，我们无法改变"来安慰自己。

拒绝驯化方能走出困境

怎样才能走出这样的困境？在弗雷勒看来，唯有拒绝驯化——"教师必须遵循的有效的、政治上明确的战略路径之一是，有力地拒绝自己的驯化职能"。教学不仅是帮助学生建构知识的过程，更是教师反思与知识重构的过程。既然是这样的过程，我们就要有意识地摆脱模式的束缚和压迫，要明白教学不是简单的机械的知识传递过程，而是一种批判性的思维过程，是对文本的批判与对世界的批判结合在一起进行的思维过程。这过程就是以我们的阅读与思考对教材进行解读与诠释，选择适合自己与学生实际的教学方式与方法，创造性地组织和实施教学的过程，更是自我成就的过程。

面对"那些专制的管理者"，当然也大可不必唯唯诺诺，但也要尽可能避免正面冲突。所以，我们需要的不仅仅是勇气，更要有冷静的应对策略，以一种理直气壮又不失理智的方式方法，维护自己应有的自由和权益。只有当我们每个人都能勇敢地抵制"那些专制的管理者"的种种监控——形形式式的束缚和压迫，才有可能在解放自身的同时解放我们的学生，我们的创造力和主动性才可能得到最大限度的发挥，我们期待的培养具有自由思想、批判精神和创造力的孩子的目标才可能得以实现。

需要强调的是，无论是管理者还是教师，想要"培养出过完善生活的人"，首先自己要有完善的生活，至少要有朝着过完善的生活而努力的意识与行动。借用爱因斯坦的话来说就是：教育应当把"发展独立思考和独立判断的能力"放在首位，"如果一个人掌握了他的学科的基础理论，并且学会了独立地思考和工作，他必定会找到他自己的道路。而且，比起那种主要以获得细节知识为其培训内容的人来，他一定会更好地适应进步和变化"。

教育的云端视界

在今天这个时代，当我们言说教育时，总有着各种不同的立场和结论，或朝或野，或公或私，但一个绕不过去的问题是，教育正面临着一场自下而上的改革。教育将在巨大转型中被重新定义和评估，整个教育的历史也可能将因此而改写。而这场转型，就是大数据时代的降临。

视界一：大数据来袭

2009年，孟加拉裔美国人萨尔曼·可汗创立了一个名不见经传却影响深远的"可汗学院"。他利用网络视频进行在线授课，内容涵盖化学、物理、历史、数学、金融、天文、生物等科目，其教学视频广为传播，如今，全球已有成千上万的学生通过互联网学习其视频课程。由于教育场景的变化、教育时空的差异、学习方式的转变，过去那种通过拍脑袋、突发奇想、个人经验的管理方式已不再适应新形势的要求。

今天，美国的众多学校，从小学到高中都已经实现将学生的每次作业、每次考试记录在网上，完成日常的数据积累，教师的教学也不再是依赖在课堂上不断的教授和灌输，而是让学生自主查阅、交流、研究。这些变革，都令学校管理的定位、职能、任务发生了一场"静悄悄的革命"，学校管理不再是面向过去、追求整齐划一的老套面孔，而变成了一种新型的服务、评估、决策和组织。

而在国内，"大数据"也在教育界无声发展着。就传统而言，很多地区的教育基本是"被动式"的，即教育主管部门和教育者通过教学经验的学习、总结和继承来展开，但经验和常识有时并不可靠，甚至会产生负面作用。大数据思维则是通过对阅读、笔记、作业、微博、实验、讨论等教育数据的分析，挖掘出教学、学习、评估等符合学生实际与教学实际的信息，学校从而可以有的放矢地制定、执行教育政策，修订更符合实际的教育教学策略。

基于此，在网络学习平台业已纷纷建立的情况下，记录学生完成作业情况、课堂言行、师生互动、同学交往等数据已经成为现实。教师在学期结束时将这些数据汇集起来并进行分析，就可以发现学生成长过程的特点，并能对其提出针对性建议。另外，这些数据也可以促使教师进行教学反思，促进教学评价进一步完善。而这些都是大数据思维下的学校建设所必须面对和解决的问题。

由于大数据产生于学生日常生活和学习的方方面面，它在忠实记录的同时，也将每个人独有的习惯、特长、爱好等留存下来。在大数据的帮助之下，学校的管理者可以掌握不同学生的不同特质，并能因材施教、个性辅导，且管理成本小、操作性强、效果明显。因此，大数据的"来袭"，对教育生态环境的改善，具有极为广阔的发展前景。

视界二：大数据冲击

早在 1999 年，一位名叫苏伽塔·密特拉的电脑科学和教育学博士在印度首都新德里认真观察了当地儿童的情况后，萌生了这样的想法：如果让当地穷苦的孩子免费使用电脑和互联网，将对他们的生活产生什么样的影响？在随后的实验中，密特拉博士想了一个办法：他在黄砖砌成的隔离墙上开了一个洞，放上了一台连接了互联网的电脑，孩子们很快就从对鼠标的好奇开始，一步步从"墙洞"中触摸外面的新世界。这个被称为"墙洞实验"的教育探索揭示了在没有教师的情况下，学生完全可以在相互协作中自主地学习。

大数据的真正冲击，不是对教育形式和方式的修修补补，而是波及整个生态环境，带来的是一种思维方式的变革，是再造一番天地的创举。2011年美国著名的咨询公司麦肯锡首先提出："数据已经渗透到每一个行业和业务职能领域，逐渐成为重要的生产因素；而人们对于海量数据的运用将预示着新一波生产率增长和消费者盈余浪潮的到来。"大数据的"大"包含着规模大、类型多、传播快等三个方面。在当今教育信息化技术不断普及和提升的背景下,"大数据"的出现,将彻底改变既有的教育教学方式和组织生态。

今天,大数据带给我们的思维方式,主要是通过对数据的收集、分析、整理,来实现对客观对象的解释、预测和规划。从"重构决定路径"的角度看,这种思维方式将极大地影响乃至变革传统学校存在的方式。就学校管理来说,基于海量数据的时时分析,不但可以为管理决策提供真实的参照依据,降低主观偏差,还能在深度的数据挖掘中,对管理漏洞、管理盲点实现精确覆盖,对决策方向和执行力度提供有利支持。

从"数据挖掘"的角度来说,发现、分析并解决问题的思维方式,将改善传统观念中"人治"独大的局面,促使教育者以一套更加精确、直观、动态和立体的"管理语言"来构建新形势下的学校管理哲学。尤其在管理定位上,以"服务"取代"控制",以"技术"取代"经验",以"引导"取代"灌输",将推动学校管理水平迈上新台阶。

大数据的冲击同时还表现在教学形式上。"在线学习""翻转课堂""微课""慕课"等新兴的课堂组织和实施形式,使教学方式不再是经验式的,而是能透过科学分析,找出教学活动的规律,实现教学优化、改进。在大数据背景下,教师也不再是知识的垄断者,而是转向为教学活动的组织者、服务者、引导者。教学形式和教师角色的转变,促使教学管理和评价也应当作出积极的调整和完善。在"大数据"日渐兴起的时代浪潮下,无论是提炼办学理念、确定发展规划,还是形成办学模式、完善教育评价,都源于对各种数据的挖掘、积累与整合。

过去,由于学校数据的完整性与系统连贯性缺失,数据分析不力,刻板的原则和单纯的主观判断常常左右教育决策。如今在"大数据思维"下,学校的生态将发生转变,从数据中发现问题的根源,继而分析问题和解决问题,成为新的探索路径。这种方式,不但能整体压缩成本,还能大幅度提升内容的维度、信度、效度,这对学校的管理者和管理部门来说,意义重大。可视化、可量化、可监控、可预测的四大管理特征的组合,将推动学校生态的重构和创新。

视界三：大数据挑战

比尔·盖茨说："未来的很多年，让一群孩子围在一个教室里听课将是一件很可笑的事情。"的确，在大数据的挑战下，教育从组织到生态，都发生了地动山摇的巨变。许多人就此担心：随着大数据在各个方面的步步"紧逼"，尤其是随着慕课、微课、PK学堂（国内首创竞赛式学习平台）等基于网络的教学形式的出现，我们这些中小学教师搞不好是会下岗的。这是不是危言耸听？

我们不妨先搁一搁这个问题。回过头来看，今天，学生利用网络完成作业已经是一件很自然的事情了，因为他们本就是网络世界的原住民。问题是，绝大多数中小学教师居然对网络背景下的学生知识的来源也缺乏清醒的认识，恐怕所谓"可能会下岗"的言论或许不再是危言耸听。

其实，不管下岗与否，大数据给我们的挑战已经开始了。在大数据时代，教师在知识层面将无任何优势，当学生面对网络这个巨大的知识海洋时，教师的半桶水便完全失去了意义。甚至可以说，教师的所谓学科技能，也将变得无关紧要，因为这些都可以由计算机来取代。实际上，教师存在的意义就是在知识和能力之间搭建一座"训练"的桥梁。不难想象，未来的教师有可能是体育教练型的，或者是私塾先生型的，需要为学生制订一对一的训练计划或学习目标。

除此之外，大数据背景下，作为教师基本功的阅读、命题的能力早已经慢慢地弱化了。梭罗如果再世，恐怕会发出"人们不只是发明了工具，更让自己成了工具"的感慨了。这是教师站在"人"的属性意义上，面对大数据时代的尴尬。

从全球史的角度来看，荒蛮时代人们的知识主要来自生活，来自自然与社会；慢慢地，人们学会了书写，有了书籍，于是书籍成了人们知识的来源；再往下，出现了老师，有了学堂，人们的知识，就从老师和课堂那里来了。随着时代和技术的发展，有了无线电、收音机、电视、电脑、网络之后，人们知识来源的渠道就越来越多了。

随着技术的发展，我们越来越重视信息技术与课程的整合，到今天，有了慕课等多种前卫和先进的教学模式，尤其在智能手机普及后，学生的知识获得再不必完全依赖书本、老师或课堂了。尤其是博客、微博、微信、

APP 等社交圈和自媒体的出现，使得人们获得知识的途径更便捷了。

学习方式的变化势必带来教学方式和管理方式的变化。可悲的是，在这个大数据时代，我们的教育管理思想、教育观念、教学技术，还停留在农耕时代，甚至原始时期：一味地拼时间，游题海，上班签到，下班签退，上班期间还有没完没了的巡查、通报。管理者更多地将精力转移到备课笔记检查、推门听课、教学质量分析（其实就是开会表扬和批评）上了。而恰恰没有顾到的，却是实际教学中应试教育主导的实际。"楚王好细腰，宫中多饿死"，教师们呢，也不得不将精力放在应付检查和考核上，很少有人再费精力研究学生、教材、课堂，更不要说研究教育了。同时，作为教师基本功的阅读、命题的能力弱化后，我们又尴尬地陷入离开了参考资料和电脑网络就无法进行教学的境地。

在大数据时代的网络社会，一方面我们获得的信息往往是碎片化的。单就阅读而言，我们的阅读已经没有了深度，更多的是"浅阅读"式的。同时，大数据背景下的教育，许多情况下要借助网络技术。比如在线教育、PK 学堂，能激发兴趣，且高效快捷。作为一种教学形式，我们在设计制作的时候，恐怕不只要关注技术，更重要的是要改变我们的教育教学理念，并借此来影响学生的学习理念和生活观念。

在这样的背景下，我们必须走进网络，关注网络上与我们所教学科有关的甚至没有关联的新动态、新知识、新技术、新思想。否则，我们这些网络时代的移民跟那些原住民的沟通会发生阻滞。如果不走进网络，我们在原住民面前就永远只可能是一只"菜鸟"，这必然会影响我们的教育行为与学生的具体情况的匹配。

另一方面，教师必须尽可能从台前走到幕后，从屏前走到屏后。要让学生的聪明才智得到充分的发挥展示，教师就得走进幕后，给他们以实实在在的帮助与支持。所谓"从台前走到幕后"，即尽量让学生真正成为课堂的主人，而教师成为他们的帮助者、影响者。"从屏前走到屏后"强调的则是课程的开发与设计。

毫不夸张地说，在大数据背景下，我们早已经不是知识的垄断者和控制者了，在许多知识面前我们甚至已经落在学生后面一步、几步了。我们的优势或许就只有阅历和经验了，然而，这正是学生身上所缺乏的，是他们最需要的，也是大数据教育思想对我们的考验。有消息说，北师大在福州网龙长乐园区成立了教育机器人工程中心和信息化教学研究中心，"福州造"的教育机器人已在部分城市开始"内测"，今后，早读课带同学们朗读的，可能是一台萌萌的机器人。考场内监考的，也可能不再是老师，而是一台来回巡视的机器人，只要学生稍有舞弊歪念，就能被"感应到"。

"互联网 +"教育正向我们走来。"登高而招，臂非加长也，而见者远；顺风而呼，声非加疾也，而闻者彰……君子生非异也，善假于物也。"面对教育教学中的诸多新问题、新挑战，教育管理者必须充分意识到学校管理需要建立在获取数据、分析数据、运用数据的基础上，从数据中得到更多的信息和关联来思考学校的发展与变革，彻底摒弃以往那种长官意志、威权意识的传统管理思维，在繁复的互联网世界中找寻管理的出发点与立足点。

后记：批判与建设不是对立的两面

　　这些年，因为某种需要，更因为对时下教育问题的观察与思考，我发表了一些对时下教育的批判性言说，于是在不少教育人眼里我只是一个批判者，不懂得建设，更有一些同仁时常公开或私下里这样教导：少一点批判，多一点建设。言外之意，批判与建设是对立的，批判者与建设者是不可能共生的，是你死我活的。一个人批判多了是不懂得学术争论的，甚至有个别同仁将批判等同于骂人，你批判他的观点了，你就是在骂他，你就是想靠骂他出名，你离开了他就没办法活，他没有你照样活得很好。

　　殊不知，批判与建设本身就不是对立的两面。琼·温克在《批判教育学》中说："'批判'不仅意味着'批评'，批判还意味着能透过表面看到深处——思考、批评或分析。"那么思考、批评、分析的目的，或者说价值何在？她认为"没有什么唯一的批判教育学"，批判教育学只是一种方式，一种"让人们思考、解决并转变课堂教学、知识生产、学校的组织机构之间的关系，以及更为广泛的社区、社会和国家的社会与物质关系"的方式，"'批判性的'并不意味着'坏'，也不意味着'批评'。相反，它意味着'看到更远'，意味着内外反思，意味着更加深入地看到教学中的复杂方面"。我的理解就是，批判是为了更好地建设，对批判者自身而言，则是一种自我重建，当然，在许多情况下也是对他者的一种提醒和帮助，以使他者更好地重建。用马克辛·格林的话来说就是："一旦教师拥有了在复杂情境中反思自己实践的能力，我们就可以期待教师做出超越他们自身情境局限的选择，打开内心接纳整个世界。"教育者的重要任务之一难道不就是唤醒人们去思考和发问"为什么"吗？

教育上有个普遍的问题是追求效率与控制，譬如"高效课堂""有效教学""军事化管理""精致化管理"等等，殊不知教育一旦以效能与控制为中心就已经背离了教育的本意了，这些做法（我更倾向于将它们视为口号）恰恰遮蔽了教育的结构与意义。代之而为的就是强调"可复制""可立竿见影"的种种技巧与模式，而忘记了教育本就是面向个体的，是"使人具有活跃的智慧"（怀特海语）的事业，是一门社交艺术，社交的主要方式就是"交流"，"交流"的境况往往是不可预设的，是动态生成的，其效果往往是难以界定的。关于这一点，荷兰学者格特·比斯塔的《教育的美丽风险》一书说得很到位：教学法是充满美丽风险的，是一种体现教育之弱的方法。格特·比斯塔认为"杜威早就给我们提供了一个有关'交流'的弱理解，及交流作为一个过程不仅极其开放和无法确定，同时也是促生性的和创造性的"。我以为教育一旦以效能与控制为中心的话，作为学习个体的学生的学习则难以发生，代之而来的则更多的是配合与表演。只有当我们意识到以效能与控制为中心的教育的弊端时，才有可能走进教育作为一门社交艺术的"交流"的弱理解，才有可能在实践中敢冒风险，理解"教育的弱的教学法"，在教学中与学生共同生长，共同创造。就教与学而言，课堂是激发智慧、唤醒批判性思维的地方，只要教师与学生意识到自己的活动是基于生活情景的合作与探究，那么这样的过程，你能说只有批判没有建设吗？因为无论是教还是学，总需要放弃某些东西，才有可能得到某些新的东西。这就是一种自我重建的过程，当然，它不可能是一夜之间发生的，也不可能是立竿见影的。它是一种"弱"的力量，一个慢的进程。对具体个体而言，需要的则是勇气与毅力。

　　本书的文字，是我在这些年的教育行走中与一些学校及教育同仁共同探讨与实践（批判与建设）的记录与思考，至于是不是跟我的初衷一致，真不敢妄下结论，还有待读者们评判。譬如第五辑的标题原来是"顺其自然，因其固有——为每一位孩子的幸福奠基"，邝红军老师看到初稿时，建议改用"个"。他以为，"个"，凸出个体，具体的个人；"位"，有座位、位格、身份之意。而上海师范大学的刘辉老师则认为，作为量词，"位"有"座位、位格、身份"的意思属于过度联想（虽然词源上有关联）。"位"带有尊敬意义，所以一般不用于表示晚辈或未成年人的名词，比如可以说"一位父亲"，却不能说"一位儿子"。如果就是要表现对孩子的尊重，"每位孩子"也未尝不可,就是个修辞效果,原理和"一匹(来自北方的)狼"一样。他们二位的言辞,某种意义上就是对我这个"他者"言说的批判,其动机都是为了言说更贴近言说者的本意。就我的认知而言,文字写出来就是供人批判的,无论读者所持的立场与观点怎样,对我而言就是一种建设。至于如何建设,则是我这个"他者"的事了。考虑再三,我还是改成了"个"。

弗莱雷说:"人作为'处在一个境况中的'存在,发现自己植根于时空环境之中,这种环境造就了他们,他们也造就了环境。他们往往对自己的'情境性'进行反思,受'情境性'的挑战并对之作出行为反应。人存在是因为他存在于情境之中。他们越是不但对自身的存在进行批判性反思,而且批判性地对其存在作出行动,他们的存在就越具体丰富。"作为教育者的自我重建,必须高度关注具体的教育情境,通过对情境的观察、思考来发现自己和他者对具体境况的不同反应,通过批判性思考反思得失,甄别真伪,一方面可以及时改善自己的教育行为,另一方面则可以避免误导他者。

黄武雄先生认为"教育的重建不仅关乎教育的问题,教育何去何从由我们共同抉择",我认为这当中首要的是我们这些教育者的自我重建——批判基础上的重建。在今天这个大数据时代,还有一个由虚拟走向现实的重建。"云"时代,人们的身体不知不觉地消失在数字技术的"大数据"中,越来越多的时光浸泡在虚拟的世界中,但虚拟的世界终究不是真实的世界,如何防止过度的技术化的教育取代实际生活的教育,恐怕是教育者不得不思考的问题。面对大有席卷之势的"数字化"的"智慧校园"建设,如何摆脱操控,使教育回归实际生活经验,实现个体的知识重建,恐怕已经成为一个迫在眉睫的问题了。如果我们没有批判意识,势必为强势的数字化教育技术所裹挟,在背道而驰的教育轨道上越走越远。

这个册子得以付梓,首先,要感谢那些在我的教育行走中遇到的所有携手前行的教育同仁以及那些对我的言说与行走提出批判的同仁,因为他们促使我更多地阅读,更深入地反思,更审慎地言说与行走。其次,要感谢我的家人,没有他们的支持与忍耐,就不可能有我一如既往的言说与行走。还要感谢刘庆昌教授欣然答应为之作序。当然,更要感谢大夏书系的李永梅、朱永通以及张思扬等编辑老师为这个册子所付出的辛勤劳动。